U0039285

GOBOOKS
& SITAK
GROUP ©

生活勵志
063

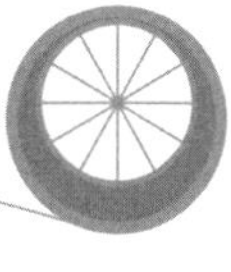

跑對方向
比跑的速度更重要

暢銷心靈作家 **何權峰**——著

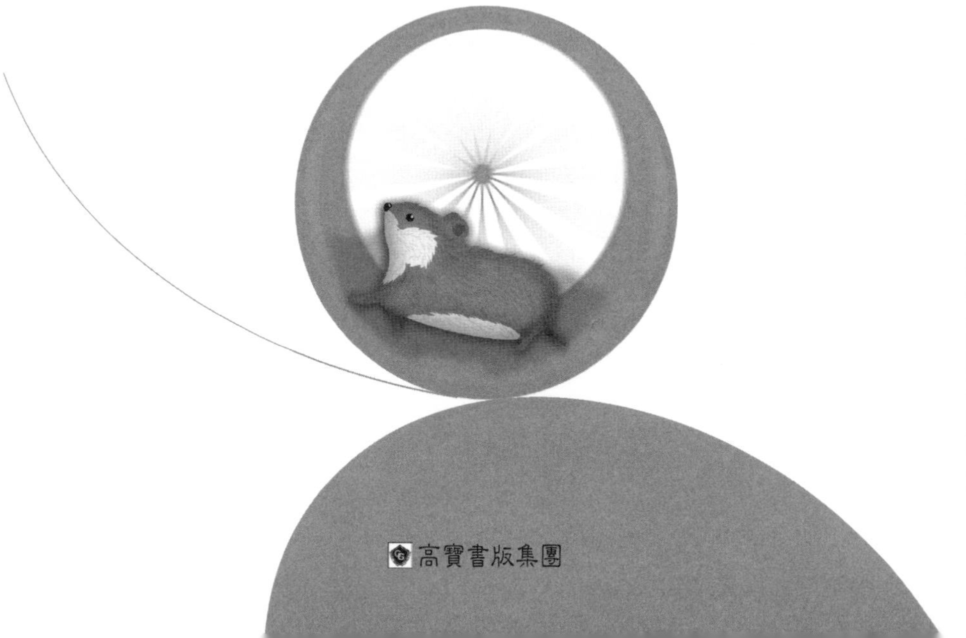

高寶書版集團

前言

跑對方向，比跑的速度更重要

想像一個畫面：早上九點，你在一座橋上，俯瞰一條交通繁忙的公路，人來來往往，車子穿梭在車陣中。往下看著路過的人車片刻，想想，這些人和這些車要去哪兒呢？其實，它們尋覓相同的事物。

我們周遭的每一個人都在尋尋覓覓：尋找快樂、追求更幸福美好的生活。我們所採取的每一個行動，都是為了這個目標。但是，我們為此做過的努力，有沒有真正帶給我們更美好的生活。還是帶來更多挫折、更多負擔、更多衝突、更多絕望、更多痛苦、更多不幸……？

漫畫家蔡志忠寫過一篇關於人生意義的文章，很發人深省。

大多數的人都像一群跑道中的跑者，卻不知道自己要跑到哪裡？要跑去做什麼？甚至跑到人生的終點死了，還不知道自己這一生為的是什麼？

而像江河中的一滴水，隨波逐流跟著大家走，於是在途中，別人跑得比較快，就傷心、嫉妒；別人跑得比他慢，就得意洋洋。

有時候他跑累了，想停下來休息，但看到許多人飛快地超過他，又身不由己地追上去。這樣跑啊，跑啊，直到累死為止。

這些年你都在忙些什麼？是否也該停下來問問自己：你要去哪裡？你走對方向嗎？（你要的是什麼？有得到你想要的嗎？）跑對方

向，比跑的速度更重要。對的方向，用走的也會到達；錯的方向，用跑的也不會到。

你可曾體會「喜樂」這回事？不必回答我，這問題是問你的——因為只有自己最清楚。不要一味地跟著別人跑，不必依照別人的定義，不要管別人怎麼說，你要問自己的內心：「我真的快樂嗎？滿足嗎？感到幸福嗎？」如果答案是否定的，或許你要做的，不是追求你想要的東西，而是改變想要的東西。

—目錄—

Chapter 3 ／ 從心改變，轉念就是出路

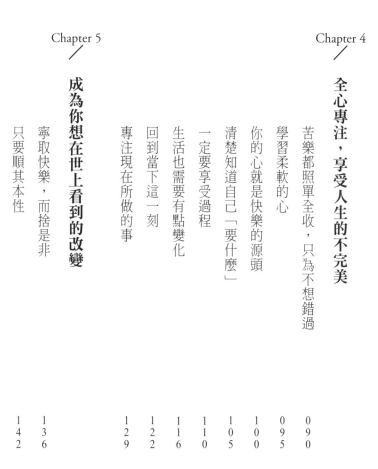

Chapter 4

全心專注，享受人生的不完美

Chapter 5

成為你想在世上看到的改變

Chapter
1

活出你要的人生，記住這三句話

我們大多數人都能快樂得如我們內心所決定的。

——威廉・亞當斯

LA FRANCE EST A AIX
DEPUIS 1775
Be My Pumpkin Valentine!
Love from Chubby Hubby

我想要的是什麼？

當我跟新進的員工談話時，都會問他們希望人生能得到些什麼，以及他們要怎麼做才能得到想要的東西。

有些人終其一生都未能達成夢想，因為他們從未列出清單，甚至從未想過「一生到底要什麼？人生目標是什麼？想過什麼樣的生活？」這類問題。

當有人對我說出內心的煩惱，我也會這麼問：「是的，你的生活很悲慘，那你想要什麼呢？」「你的期待是什麼？」很多時候，我們會感到迷茫、焦慮、怨恨、空虛、無趣、隨波逐流，也是因為還不明白自己想要的是什麼。

《愛麗絲夢遊仙境》的故事裡，有段很有意思的對話：

愛麗絲：「請你告訴我，我現在應該要走哪條路呢？」

「那得看妳想要到哪裡去啊！」笑臉貓說。

「到哪裡去都沒關係……」愛麗絲說。

「那麼妳走哪條路也都沒有關係喔。」笑臉貓回答。

有句話說得好：「有目標的船叫航行，沒目標的船叫漂泊。」

你必須先決定自己要到哪裡去，也就是你的目的或目標，才能決定你要走哪條路。如果沒有目的地，不知道要去哪，那走哪條路也就無所謂。

想法先於行動。假設你想擁有一雙很想穿、很喜歡的紅色鞋子，你知道鞋子的模樣，更真心想找到它們，那麼，這比起你從來沒想過這雙鞋子，有超過千百倍找到它的機會。假如你不知道自己在找什麼東西，你怎麼可能找到呢？

＊＊＊

人所追求的無非快樂，而快樂之道在於：有事可做、有人可愛、有夢可盼望、有人可分享。

想想，你認識的人當中那些最快樂的，無論是家裡、學校、辦公室、社區還是團隊，他們的態度都是最積極、最活力十足的。他們可能來自不同行業，在不同的生涯發展階段，但他們有一點非常相像：朝目標全力以赴，做自己愛做的事。

而你呢，你想要的是什麼？

我能夠做什麼？

我們都知道想法並不是公式的全部，想法只是個開頭而已。下決定是一回事，真正去做又是另一回事。決定要戒菸是一回事，等到朋友遞給你一根菸時那是另一回事。決定要減肥是一回事，看到喜歡吃的美食又是另一回事。

夢想，之所以遙遠，是因為我們往往都在想而已。每件事情開始執行後，會遇到各種困難與阻礙，必須以堅定的意志力去克服，但是多數的人都會退縮，並為自己找理由與藉口，最後不了了之。

現在，問自己以下問題：

一、想達成願景，要在哪些方面下更多功夫？

二、這對我整體計畫來說有何重要性？

三、為了改進這些，我要做些什麼不一樣的事？

記住莎士比亞的話：「不要以為一個人既然做不到所有要做的事，就不去做自己能做的事。」就好比學生考試要是沒拿到高分，並不是乾脆放棄，拿零分算了。當事情進行不順利或失敗時，你要問的是：「我還能夠做什麼？」

你不可能開始一項讀書計畫，就期待下次考第一名。你也不可能只吃營養品一次，就看到自己的健康獲得全面改善，這是不可能的，你必須經常服用、每天服用。

看清楚你要的是什麼，接下來，就是要有付出代價的決心，然後想辦法付出這個代價。

我正在做什麼？

很多人都要一直等到身體出現病痛、婚姻關係走不下去了、經濟狀況一塌糊塗時，才會想要改變。然而，你真的不需如此。改變，現在就可以開始。

我們都喜歡拖延，「看完電視再說」、「等週末再做」、「等工作忙完，我再陪孩子和父母」或者「等我有……的時候再說」。每當聽到這一類的托詞，總不免想起愛默生的話：「橫在我們身前身後的所有阻礙，若比起我們心中所懷藏的阻礙，真是小巫見大巫了。」

人們總以為必須等到適當的條件和好的時機才採取行動。怠惰的人會說，等到我有足夠時間我就會去做；沮喪的人會說，等到我有足夠的信心我就會振作；膽怯的人會說，等到我有足夠能力我就會行動。

事實上，每個感情的連繫，每項技能的學習都需要一定的時間，等待並不能縮短時間，等待也不能增強你的能力和信心，等待更不能讓你無中生有。就如泰戈爾說的：「單是看著海水並不能讓你渡過海洋。」你必須把所想的化為實際行動。

「運動鍛鍊，現在開始！」

「學英文，現在就報名！」

「連繫感情，立刻就做！」

拿起電話問候你的父母、妻子、孩子、遠方的朋友，當作一個開始。坐而言不如起而行，趕快踏出你的第一步吧！

Chapter
2

做任何事之前，先想想這五個問題

真正的成功會帶來榮譽，
但真正的失敗會帶來真正的勇氣與力量。

——湯馬士．勞倫斯

WEEK 2
MY GOALS:
WINS:
LESSONS LEARNED:

我為什麼而做事？

人們每天做的事都差不多，上班上學，吃飯睡覺，結婚生子、工作謀生、愛人與被愛……然而，現在問題來了：如果人們做的事都差不多，那麼，是什麼東西讓他們變得不同？

答案不在於他們做什麼，而是在於他們為什麼要做這些事。

舉例來說，一早阿明趕著上班。但是阿明為什麼要上班呢？這原因可能有很多，「沒辦法，我要付很多的帳單，要養家活口。」「我必須賺夠錢，才可以退休養老。」「因為可以提升自己的價值，讓自己成長。」「工作中有很多樂趣，還能幫助別人。」目標不同，意義也大不同。

＊＊＊

柏拉圖說：「人是一種追求意義的動物。」不論做任何事，只要其動機能夠促成你追尋更大目標，它就是有意義的。有意義，做事才會有動力。

雖然許多人抱怨超時工作薪水低，讓他們失去工作熱情；但就算公司加薪，多放幾天假，通常工作熱情也維持不了多久。其實問題不在金錢，而在意義。企業不賺錢，也別只想到裁員，而是要思考如何讓員工有動力，找到工作的意義。

你可以請教那些成功之士，他們在沒有豐厚的回報下，還會不會把工作做好？大部分人會給你同樣的答覆：「當然！我熱愛自己的工作。」

許多創業家和企業家，錢多到不必工作也能舒服度日，他們為什麼還繼續工作？沒錯，是他們忠於對自己有意義、對理想的熱情。

誠如《成功長青》一書的研究結果顯示，長期成功人士之所以能夠「成功長青」，是因為他們都找到了工作的意義，他們確信做某件事能對這個世界有所貢獻，而且他們總是全力以赴、熱愛自己的工作、彷彿擁有一個使命必須要去完成。

不論做任何事，我建議大家經常問自己——「為什麼？」

．為什麼我會做現在所做的事？

．我的最高目標是什麼？

你工作不只是為謀生，而是為了彰顯個人價值；你讀書不是為了考試，而是為了成為更出色的人。你是在做藝術家的工作，而不是作業員。依此類推，你做現在所做的事——是為上帝服務，你是把它當作修行，你是為了散播愛與正面能量，是為了立下標竿與典範……把這些當成最高目標，你的人生就能找到意義。

一位朋友談到，他最近所做最有意義的事，是探望並照顧年邁多病的母親。他一開始認為，這樣做的理由是恐懼，他害怕自己不照顧母親，會被認為不孝。現在他了解到，他的行動潛藏著更深的意義。那就是親情的連結，家庭美滿，也是給孩子最好的身教。

最初，去照顧母親是種壓力，後來，這件事變得越來越快樂，因為他看到深層的意義，他每次探望母親都變得和睦喜悅。

記住，讓事情變得有意義，不是你做什麼，而是你如何及為何要做這些事。

如果你持續追求最高目標，長期下來就會發現你的成功快樂，無論有沒有外在的獎賞。有一顆正面能量的心，就能讓收穫比賺錢更多，不論工作、健康、人際關係、生活樂趣和人生意義等各方面。

你可以做一個實驗，回到家，張開雙手，把你孩子抱起來，量量他們的體重。假如孩子的體重是四十公斤，你抱起來繞一圈，並不會覺得是沉重的負擔。

接下來，找來一塊四十公斤的石頭，抱起來繞一圈看看，感覺是不是很沉重？

愛，減輕了負荷；有意義，就不覺得負擔。

如果你看不到現在所做事的價值，也感受不到其中的樂趣，怎樣做呢？沒錯，就是去賦予它意義，或更多的愛。

我是為誰而做？

你有過不知為何而做，為誰而做的經驗嗎？

我想許多人應該都有。之所以如此，那是因為我們都忘了：「為自己的快樂而做。」

今天你捐一千元出去，你會感到快樂。如果你被偷走一千元，同樣是失去一千元，你卻不快樂。為什麼？

你請朋友客，你會感到開心，如果你是勉強的，同樣是一餐，你卻不開心。為什麼？

因為不是出於自己快樂做的事，就不會開心。

＊＊＊

以前住的社區，有幾個媽媽決定做環保義工，每天幫社區垃圾分類。這原本是件好事，但是時間一久，認真參與的就對不來參加的人，或不認真的人感到不滿，甚至對沒做好分類的人感到憤怒。這就是沒搞清楚，她們忘了到底為誰而做。

許多人做事都不是為自己而做，是做給人家看，若是做給人家看就會想獲得別人肯定，希望別人感激，一旦期待落空，就會覺得犧牲委屈；那就是為什麼從事義工和慈善團體的人，他們總是說：「我們做這類工作一定要為自己。」

這道理我也常提醒學生，如果你認為上課讀書是「為父母，為老師」，往往意興闌珊，心不甘、情不願。「是自己想要的」，才會有動力，有進取心。

職場也一樣，如果你認為：「我為老闆工作，為公司打拚。」就會期待得到加薪和晉升，怨懟不平也由此而生。而「為自己做」則完全不同。當你認為你是在為別人工作，那你就永遠只能為別人工作。如果你認為你是在為自己工作，那你終將會有自己的一番事業。

有一件事大家務必要牢記：無論做什麼，都要跟隨你的喜悅。能為你帶來快樂的事，一定會為每一個人帶來快樂；出於勉強負擔而做的事，早晚也一定會為別人帶來負擔怨言。

在關係裡，人們一再抱怨，「我這樣對他，他怎麼可以這樣對我？」這又是搞錯了。任何真正去愛的人都知道愛是喜樂，你愛一盆花、一隻小貓、小狗，即使牠不給你任何回報，你也會去照顧牠、餵養牠、關心牠，因為那是你喜歡的，你是滿心歡喜的。你會對愛人噓寒問暖、下廚做菜給他吃，你想對他好一點、給多一點，你了解那也是自己想做的。不是為了想得到什麼。當你記起這樣的初衷，鬱結的心情就會釋懷，整個關係也會回到單純美好。

有位太太終於領悟了，她告訴我：「當我不把先生的反應當成我的訴求，我就做我該做的，以前我覺得很犧牲委屈，現在我倒過來想，所有一切都是為我自己的快樂而做，我不必在乎他有什麼反應，感覺反而快樂多了。」

這就對了！無論你做什麼，都是為自己的快樂而做，那就毫無怨言。

情緒可以顯示出，「真正的你」與「虛假的你」。

如果你做任何事，是與「真正的你」一致，你就會感覺到喜悅或是正面情緒；反之，當你做某些事，會感覺到忿怒、沮喪，或者任何負面情緒，這就表示那只是「虛假的你」。

柴可夫斯基說過：「如果你是真情真意的，所受的委屈便很快就能忘記。」

如果你為某人做事最後會不快樂，會覺得犧牲委屈或念念不忘，那是因為你並不是真情真意。

我的動機是什麼？

有個人朝著一個挨餓的孩子走去，他對這個孩子說：「我有一片麵包給你，但是你必須先唱首歌來聽聽。」所以這個男孩唱了首歌，吃到了麵包。接著另一個人走向這個孩子，說道：「喔，可憐的孩子，你看來餓壞了。拿著這片麵包。我真希望能給你更多。」這孩子吃了麵包。第三個人經過，交給了男孩一片麵包，沒有說半句話，繼續走他的路。

這個故事想傳達一個重點：動機（發心）。雖然他們都給了這個孩子麵包，但第一個人的表現像個生意人；第二個則是悲天憫人；第三的行為如同路人。同一行為的背後可能會有不同的動機。

想像一下，有個福利機構想在貧窮的社區蓋一座醫院而募款。一位富有的人捐了一千萬，這個人捐款時想的是：「醫院建好的時候，門廳的牆上會有我的名字，大家會知道我是這座醫院的主要金主。」這就是他的動機。

另外一個人，並不太有錢，捐了一萬元，他想：「在那裡能蓋一座醫院，真是太好了！希望每一位都能把病治好，希望他們的健康能獲得更好的照顧。」你認為誰真正行善？

動機永遠比行為來得重要。我認識一位在兒童癌症病房擔任化療的護士，她的工作是在病童瘦弱的手臂上搜尋可用的靜脈做化療藥物注射，這個注射過程通常得持續達十二小時之久而且非常痛苦。她對自己工作感到挫折，甚至懷有罪惡感。

她沒有愛嗎？正好相反，她是個滿懷愛心的人。

另一個護士對是否請辭猶豫不決，原因是上班的時間太長，她常因不能多抽時間陪伴二歲的兒子而自責。可是一放下工作陪伴兒子，又想到不能多賺錢補貼家用，自覺愧對先生。

她沒責任感嗎？不，她就是太有責任，才會愧疚。

我自己也有類似的經驗，比方，好心幫人卻幫了倒忙，還有病人治療效果不如預期。在那種情況，我當然也會自責。再如，有時大家太過信賴我，把事情交給我，然而有些事是超乎我的能力的，以致未能盡如人意。我會不斷地提醒自己：回到動機上。

找到動機，跟沒找到動機，差別最大的就是做事情的態度。找到動機的人，知道為何而做，為誰而做，就算遇到挫折、懷疑，只要沒有忘記動機，很快就能夠恢復積極的態度。而很多人一件事做一半停了，是因為他本來很快樂地做，做到後來發現不快樂了。那表示，他無法掌握內在的那份快樂，他失去了動機。

我們若對自己的動機有所覺知，而且能夠加以修正，那麼別人讚美我，還是怪罪我，就沒有關係了。因為我們瞭解自己，當我們看到自己都是出自良善的發心，即使他人不認同或批判我們，我們也不會覺得自己不好，因為我們知道自己內在的真相。

我的哲學是：「做對的事，不要怕犯錯。」過失，是行為的結果，不是行為的動機。只要動機純正，問心無愧，就沒什麼好怕的。

每個行為背後，都有一個動機。在決定做一件事之前，想想看，你的動機是什麼？

看待別人的錯，要看「動機」而非「行為」。若是動機良善，就應該原諒。

面對別人批評時，同樣只要自己動機純正，就不必在意。不要因為被誤解或批評責難就退怯。如果所有人都對你滿意，反而表示你可能有問題。因為如果做壞事，好人會罵你；做好事，壞人會罵你。你應該堅定自己的初衷和信念，去做正確的事。

處理人際問題時，永遠不要忘記良善的初衷。如此一來，你的動機就會保持單純，而這個初衷也會為你指引正確的道路。

我能貢獻什麼？

「我可以給這個人什麼？」「我能服務什麼？」如果你從來沒有想過這些的話，那麼可以肯定你是個以自我為中心的人；如果你只想著別人給了你什麼，而從不想自己給予別人什麼，那麼你一定很難快樂。

《天下雜誌》曾針對高中到大學進行生命教育大調查，結果發現有近半數的高中大學生「不知道自已要做什麼」，有超過四分之一學生有過輕生念頭，還有許多學生認為「不管做什麼，都沒有意義」。

顯示台灣的年輕人正在人生的道路上迷航。

＊＊＊

基本上，人都是自私的。當事情發生時，我們的第一個念頭往往是：「這對我會造成什麼影響？」或者「這對我有什麼好處？」但諷刺的是，如果我們少去想自己，多去關懷別人，最後反而得更多好處，更有影響力。

當你能經常向自己發問：「我可以給這個人什麼？」你就會看見自己的價值；當員工能問自己「我能貢獻什麼？」時，就會開始轉變工作態度，變得積極主動、自動自發、充滿熱情；即使當你和一個生意上的客戶碰面，或是害怕站在眾人面前說話時，你只要這樣想：「我要如何協助這些人？我的專業、產品、建議或服務為何？我如何為對方做更多？」當你所要傳達的訊息是要幫助人，你會對這些人毫無保留，付出無私的關愛，就不可能感到害怕。

有位知名化妝品的經理，談到一段她的經歷。曾經有人問她「什麼原因讓妳隨時保持自信？」「我到了任何一個場合，首先想到的是，有什麼需要我幫忙的地方。這讓我忘了自己，融入環境之中，並且有自信的配合大家。」

股神華倫．巴菲特，在自傳《雪球》（Snowball）也曾分享：「事實上，我一直刻意避免在眾人面前站起來說話。」後來他痛下決心，每週練習在公開演講時「排除自我意識」，也就是放下「過度在意自己表現如何」的得失心，才克服這種恐懼。

那些煩惱痛苦的人都花太多時間去想自己——我受到挫折、我覺得失望、我很難過、我好生氣……。我們不時擔心自己是否快樂？是否被喜愛？是否可以得到更多？我們只想到自己。「你為什麼不快樂？」作家為無為（Wei Wu Wei）說得對，「因為，你做的事情中，有百分之九十九點九是為了自己。」

也許有人會認為自己的麻煩已經夠多了，還把別人的痛苦加在身上，無疑是雪上加霜。但正好相反，經驗告訴我們，想要幫助別人解除痛苦，不但不會增加自身痛苦，反而會讓自己的痛苦消失。如同知名的印度佛學上師寂天所說：

我所見到的絲毫痛苦，
都是來自於嘗試去滿足自己；
我所見的任何快樂，
卻都來自於滿足他人。

所以在西方，心理分析學家鼓勵人們去幫助別人，嘗試去為別人服務。美國心理學家馬丁．塞利格曼的智慧之言：「想快樂一小時，就去睡午覺；想快樂一整天，就去釣魚；想快樂一個月，就去結婚；想快樂一輩子，就去幫助人。」助人是一件快樂的事，只有你自己快樂，才有辦法幫助別人。幫助別人，就是在幫助自己。

我常想，假使有一天，我對人毫無貢獻，是不是也代表自己微不足道？

快樂來自被需要。當你被需要，你就覺得快樂，因為你看到自己存在的價值，活得就更有意義。

當一個人被孩子需要，意味著他有能力照顧孩子；被情人需要，意味著他正被對方所深愛著；被父母需要，意味著他有能力讓父母享受天倫之樂；被朋友需要，意味著他有能力為朋友分擔解憂；被主管需要，意味著他工作能力獲得肯定；被屬下需要，意味著他可以為他們解決問題。換句話說，我貢獻更多人，我就是更有用的人，活得就更有意義。

每天清晨起床都問自己：「今天我能為世界做什麼？」生活的目的就是有目的的生活。當知道自己能做什麼，你就不會在人生道路上迷航。

我最後想要什麼？

人一輩子都不斷的在追求，總是想要這，想要那，但你想過自己「最後想要」的是什麼嗎？

我猜，應該不是賺更多錢吧？較有可能是像下面這些例子：「真希望多點時間陪伴家人。」「希望一家人能團圓。」「希望有更多時間享受人生。」「希望自己能活下來就好。」

不久前，有位醫界老友在手術時心臟突然停止，在起死回生之後，他告訴我：「這場意外讓我領悟到，我錯失了生活中一些重要的東西。」他覺得自己對幾個孩子了解得太少，也太少陪伴他們；他還答應過要帶妻子去很多地方。

死亡是一則不凡的啟示。就是因為有死亡，人們才開始審視自己的生命、生活方式，以及什麼才是最重要的事。你的整個價值觀都會因此而改變。若生一場大病，你會發現金錢不重要；若病得很久，你會發現家人很重要；若病得很嚴重，你會願意用一切換回「最珍貴」的東西。

一個剛考完段考自殺的學生，他母親在急診室嚎啕大哭：她很後悔，後悔太過嚴厲的逼迫孩子，後悔只用成績評斷孩子的好壞，只是她的孩子再也回不來了。

一位很愛美的女孩，在得了癌症後，化療的過程讓她吃足了苦頭，噁心嘔吐、脫髮，原本美麗的臉也漸漸腫脹，她說，我現在只希望自己能活下來就好。

還有一位教授，他抗癌多年，癌細胞奔竄在他的血液裡，肝肺臟裡，骨髓裡，腦子裡。他想：「所有的名利，現在對我來說都是可笑的事情。如果能夠，我願平平靜靜的過日子，寫寫東西，看我的孫女長大，帶她上學。」

＊＊＊

從事醫療工作，我看過的意外比一般人多，我發現，當生命將終了，人們所說的全都是對親友的不捨，卻完全未提到平日那些引以為傲和患得患失的東西。它們，原來是可有可無的！

今天，我們發現孩子成績一落千丈，就覺得世界末日已經到了。但是明天孩子被診斷出腦部有問題，相比之下，成績算什麼？我們滿心期盼的只要孩子健康就行。進一步檢查，發現是惡性腫瘤，這時候我們又覺得只要孩子能活著就好，其他的我們什麼都可以不要。

那些平常最在意的，最難分難捨的，竟然在最後的取捨裡，完全沒有它們的位置。這才看清什麼是「最珍貴」，體會什麼叫做「身外之物」。

所以，別淨是鑽營著要如何升遷、加薪、換車子、買大房子。試想，如果某天你發現家人得了重病，或是發現身上有個腫瘤，這些東西還有那麼重要嗎？

你「最後想要」的是什麼？想想看，這會讓你對人生有一個新的認識。

人的不幸就在「我想要」，幸福的體會是「我只要」。

我只要健康平安，我只要你快樂，只要能跟你一起就好，
這就是幸福；當你想要更多，你就變得不幸。

每天平平安安，身旁的人都在，我們不懂得珍惜，還想要
這想要那，等有一天生了大病、遇上災難或失去這一切，
我們就會突然懷念起以前：「我只希望能回到過去就好」，
這就叫人在福中不知福。

Chapter 3

從心改變，轉念就是出路

只要完成一次他人認為你辦不到的事，你便再也不會在意別人批評你的極限為何。

——詹姆斯．庫克

願景，知道自己為什麼而奮鬥

假想你要爬一座山，山頂有讓人驚豔的景致。你已爬了一半，碰到高陡的山坡，險峻的山谷。就在這時下起傾盆大雨，你身上又冷又濕，艱難地走在濕滑的陡坡上，腳痠氣喘。你不禁想著：「唉唷！我快受不了！」

你有兩個選擇：回頭或繼續往前走。如果你繼續往前走，當然不是為了讓自己更冷、更濕、更累，而是為了享受登頂的快感和無敵的美景。你願意忍受眼前的不舒服，不是有被虐待狂，而是因為不忍受就無法完成你的願景。

許多從事體育活動，不論是游泳、划船、騎單車或是三項鐵人、馬拉松，時時刻刻都要面臨疼痛與體能的考驗，然而，為了超越自我，突破自己體能的限制，他們都會為自己勾勒心中的願景，知道自己真正想要什麼，在面對內在或外在的困境、阻礙或挫折時，仍能堅持下去。

什麼是願景（Vision）？簡單說，即是一種內心的願望，所嚮往的前景，想達成的某一種成就。這並不是說你一定喜歡或樂在其中，而是為了達成這個目標，你願意實踐、追求以及承擔。

舉例來說：我在一個美好的週末坐在這裡，寫這本書，這對我來說感覺並不怎麼美好，任何一位作家應該都有類似的感受，好比挫折感、煩躁、筋骨痠痛等狀態，甚至「吟成一句詩，撚斷四根鬚」的窘境。

然而，我仍繼續寫下去，而不是出門休閒娛樂，或者躺在沙發上看電視，即使這能立刻讓我快樂。不過，我更期待完成作品引領我得到更大的滿足。雖然我週末並不好過，但為了有更好的作品，我心甘情願。

＊＊＊

多數人都明知自己該做什麼，但偏偏就是沒有那個動力和意志力。我們可能會說自己太累、能力不足或太難完成艱巨的目標。人們普遍相信，意志力（自我控制力）是一種個人特質，其實，大家都搞錯了，能否有動力和意志力，關鍵在於是否有願景——知道自己為什麼而奮鬥。

有位學生原本是個標準的月光族，隨性消費，也不知錢到底花到哪兒去。後來他突然變得很節儉，開始記帳，有錢就存款。我問他：「怎麼回事？」他告訴我，「一切都是為了築夢，因為有朋友買了預售屋拚命邀我一起做鄰居，當時我跑去看樣品屋，美輪美奐的讓我非常心動，就下決定開始存錢。」

我們應該經常在心裡問自己：「我的願景是什麼？為了達成這個願景，我願意承擔哪些？」這問題很重要，每當我們面對挑戰時都應一再思索。當你清晰地看到自己完成目標時，這樣的景象或理想，在你身處低潮時，能把你帶回正途。當你找到心中燃燒的熱情之火，就能燒去橫在面前的一切阻礙，繼續向前。

「一個人知道自己為什麼而活，就可以忍受任何一種生活。」尼采的至理名言，送給正在奮鬥的你。

美國太空人薩莉．萊德說：「贏得好射手美名並非由於他的弓箭，而是由於他的目標正確。」

你的人生，有明確的目標嗎？五年後，你的人生會變成什麼樣子？想想看，你想要成為什麼人、想要擁有什麼、想達成什麼？希望培養出什麼樣新的積極行為，或想實現什麼願望？

現在，把願景寫下來，並將它視覺化。如果你的內心能夠看見成功的景象，讓自己沉浸在這項新成就所產生的積極感覺中，將大幅提高你的動機和意志力，幫助你夢想成真。

記住，願景要夠遠大，視野才能寬廣，要紮實地去做，那麼願景變大時，才不會崩塌。

有了希望，生命就充滿任何可能

沒有任何人可以阻斷希望，希望之前人人平等。不論你現在的處境是好是壞，你還是可以有所作為，創造美好的未來。

我碰過很多人失去希望，是因為一開始就自我放棄，常聽到的版本大概有這幾種：「我不是念書的料」、「景氣太差」、「那要有錢才能辦得到」、「我年紀太大了」、「我還太年輕了」、「我沒有人脈」、「我永遠達不到那樣的成就」。

也碰過許多人覺得情況嚴峻，快走投無路了，才想要放棄希望。

其實，大家都搞錯了，是因為自己先放棄希望，才會失去動力，感到絕望，無法堅持下去。

你是否注意到了呢？想到自己的夢想與願望時，你心中就會再次燃起希望。不論遇到任何困難與挫折，只要懷著希望，便能泰然面對。不管勝算如何，只要有希望，就會擁有美麗的憧憬。只要你還願意相信，黑暗裡也能照見光明。

我聽過一個非洲小男孩的故事，他的村莊被一群反抗者佔領。他們幾乎殺光了村裡的人，包括小男孩的父母和其他成員。小男孩在一堆瓦礫堆石下面裝死，而存活下來。

小男孩帶著很少的食物和水，徒步走了幾百里，因為父母曾經告訴他，在村莊的河口有一個姊妹村莊，如果發生緊急情況可以逃到這個村莊。他擁有的是「希望」。他花了數個星期走路，只靠著希望和僅有的力氣，他抵達了。「希望」使他堅持下去，新村莊給小男孩一個叫做家的新房子。

原來奇蹟需要的不是創造，需要的是相信。許多難民經驗到難以想像的恐懼，但都抱存著某一天會得救的「希望」。因為這個「希望」他們總算存活下來。許多罹患重症的病人從生氣難過到極度沮喪，他們大半能從煎熬折磨中挺過來，因為他們懷抱著「希望」，堅持樂觀戰勝了病魔。

＊＊＊

我認識一個癌症病人，他想用自己最後的時間去圓他尚未實現的多個夢想，結果他居然一個一個地把那些夢想全實現了。

他說：「我真的無法想像要不是這場病，我的人生會是多麼地糟糕。是它提醒了我，去做自己想做的事，去實現自己想實現的夢想。」

還有位婦女結婚快二十年，有一天發現丈夫外遇，且把房子全部抵押借錢。離婚後，她一度想自殺。她開始寫筆記，想著自己如果此刻結束生命，還有什麼沒完成。後來，她在筆記上寫著「我四十五歲要結束生命，在此之前，我要出六本圖畫書。」完成後，她的心情反而好起來，因為她知道自己未來要走的路了。

＊＊＊

蘇格蘭作家史邁爾斯如是說：「希望就像太陽，當我們走向它時，一切的負擔如陰影般拋諸腦後。」

希望是比恐懼更大的力量。汶川大地震時，一位被廢墟壓了十天的老婆婆還活着，在她被救出後，記者採訪她：「請問您是怎麼創造生命奇蹟？十天是不是很艱苦？」老婆婆意味深長地說：「因為我知道你們會來，我一直堅持到你們來的這一天。」是啊！要相信希望，在奇蹟發生之前，千萬別輕言放棄。

關於「希望」，最特殊的一點就是完全出自內心。

想像你把一顆種籽放在土裡，如果你不期待它，你會細心去照料它？你想改變，但你從未想過你將變成的模樣，動機會強烈嗎？你會感到興奮嗎？會感到更自信、充滿動力、更快樂有希望？

人生可以沒有很多東西，卻唯獨不能沒有希望。因為有了希望，生命就充滿任何可能。

你相信什麼，就會看到什麼

我覺得人很怪，就是常把注意放在一些不順心的事，之後又懷疑為什麼老不順心？腦子總想一些不好的事，然後又抱怨為什麼發生這種事。

有人害怕另一半變心、外遇，因此每天檢查手機、電腦、衣物，每次談話總離不開這些話題，甚至頻頻追問。最後果然發現對方在外頭找其他對象，也就不足為奇了。

如果你時常看到新聞中交通意外頻傳，而過度擔心小孩騎車開車，所以每次出門就送上一大串嘮叨。本來孩子開心準備出門，一聽到這些就煩躁，心浮氣躁之下發生意外的機會反而大增。

當我們一直抱著某些想法，即是「預期會發生什麼」結果也就發生了。這是很簡單的道理。如果你一直想著會倒楣，你就可能碰上倒楣事，因為你一直想著它，不是嗎？

＊＊＊

有位年輕人，開車到鄉下，半路上車子爆胎了，打開車廂，才發覺沒有千斤頂，那裡一片荒野，只有遠處有戶農家，在這個大熱天裡，他也只好心不甘、情不願地走去借。

邊走他邊想「這戶人家又不認識我，他可能不會把千斤頂借給我！」他越想越覺得「別人一定不會借給我，因為我的車離那麼遠，他一定會擔心如果我借了不還，怎麼辦？」他不斷地往壞的方向想，而且越想心情就越糟。

所以當他到達這戶人家門口時，心情已經大受影響，就不自覺地用力敲人家的門，結果對方一開門，就對他說：「你敲門怎麼那麼沒禮貌？」

他一聽心裡想完了：「我早知道，我就知道，他一定不會借給我！」結果東西還沒借到，就跟人吵了起來。

經常，我們總是先想像事情結果會糟透了，以至當壞事真的降臨，我們就會說：「看吧！我果然預測得不錯！」甚至覺得有點安慰。

＊＊＊

有個太太，每隔幾個月都會做全身健檢，她很怕自己得到癌症。雖然每次檢查都正常，但是她一直很懷疑。終於，在許多年後，檢查出來她得了癌症。她用勝利的眼神看著大家，哭訴著說：「你們看吧！我早就說過了！」

你相信什麼，就會看到什麼。一個不幸的想法想了很多次，結果你會信以為真；一個謊言重述多遍，也會誤以為真相。像有人一直對自己說：「沒有人愛我。」這話說了多次之後，就承受自我暗示的預言，於是自己也表現出一副可憐兮兮的樣子，最後落得沒人敢愛。

亨利．福特一定深有所感，他說：「不管你認為你行或認為你不行——你都是對的。」

成功的預期往往導致成功，成功的結果又強化了原來的樂觀預期果然正確的證據，反過來說，預期失敗於前，結果往往失利於後，而失敗的結果又證明原來的悲觀預期果然正確。這也就是為什麼「烏鴉嘴」會特別靈！

人們所渴望的和內心真正相信的往往背道而馳。渴望得到愛，可是心裡卻懷疑愛；渴望年輕美麗，心裡卻相信自己已經老了；渴望有錢，心裡想的卻是——我沒錢、我太窮、我付不起、我擔心投資失敗，甚至從來沒想過自己會有錢。

試想，如果你覺得自己沒有吸引力，能吸引到什麼樣的人？如果你認為自己沒有什麼價值，能期待什麼樣的待遇？如果你相信自己會被打敗，那你已經先把自己打敗了，不是嗎？

專注在你想要的

假如你班上同學，其中有一個人經常批評你，他不喜歡你，你也不喜歡他，另外有幾個則是跟你很合得來。每天上學，你會把焦點放在那個你討厭的人，還是另外幾個與你交好的人身上？

不管你注意力在誰身上，那也正是你所關心，你所愛的，對嗎？當然，這樣說許多人可能不同意。因為你可能對敵人注意遠超過朋友。這也正是問題所在，為什麼你要讓討厭的人成為你生活的重心？

＊＊＊

想法會隨著注意力而滋長。我們對某個想法投以越多注意，這想法就會在我們心中越形擴大，也越顯重要。

我們都有過這種經驗：有時候一天做了九件順利的事，只有一件事搞砸了，便足以毀掉所有的喜悅；一件芝麻綠豆的小事，就足以破壞整天的心情。因是我們太看重做錯的「那一件事」，而忽略了其他做好、做對的事。

一個人如果很挑剔，在打掃得乾乾淨淨的房間裡，還會看到桌底下的一根頭髮，接著會想：「看，這個地方沒打掃乾淨。」因為眼裡只有那根頭髮，根本看不見房間裡其他乾淨的地方。我們的心也是如此。當你越注意某件事，它對你的影響就越大。

如果你對自己臉上的青春痘非常在意的話，只要別人盯著你的臉，你就會覺得渾身不自在。如果你老擔心身體有毛病，整天疑神疑鬼，日子一久就算身體沒事，心理也會生出病來。

經常，我們最討厭、最不願意去想的人——如仇人、敵人、分手的情人或傷害你的人，反而越常出現在腦中。對方也許只傷害過你一次，然我們卻在心中一而再、再而三，反覆地想著，甚至整個思緒都圍繞著那個人。

你可以做個實驗：仔細看著周遭，將所有咖啡色的物品記下，並確實記住這些物品，不論是深咖啡色的或淺咖啡色的。

記下來之後，請閉上你的眼睛，不能偷看，試著在腦海裡回想所有你之前看到過的「藍色」物品。看看你可以說出幾項？

很多人會因此嚇一跳，原來他們太專注在咖啡色的物品上，根本沒注意藍色的東西。這就是我要說的重點。你注意咖啡色，就會看到咖啡色，而忽略了其他顏色。看看一天之中你的注意力放在何處，這是個頗具啟發性的練習。

人的注意力就好像一根手電筒能集中在一個特定的方向——任何你想要的方向。你可以照向天花板，那麼它就顯露出天花板；你也可以照向地板，它就顯露出地板。如果你把光線都照向垃圾堆，那你看到的一切必然都是垃圾。

一個喜歡「挑毛病」、「找麻煩」、「抱怨問題」的人，意味著他總是把注意放在錯誤、找出瑕疵、尋找疏失、發現問題上——只看到烏雲，卻忘了整個天空，心情又怎麼可能開朗？

心理學家漢斯．席爾（Hans Selye）提醒大家：「要消除心中不愉快最有效的方法，無過於把注意力放在愉快的事物上。」

一再的想不愉快的事，並不會帶給你快樂；一再想不滿的事，也不會讓你滿意；一再的想不幸的事，更不可能讓你幸福。要記住，那些不如意，都只是你人生的一部分，千萬不要讓它變成人生的全部。

失去，倒過來看就對了

桌上有一顆西瓜，被你吃掉一半，現在剩多少？還是一顆，那半顆西瓜現在在肚子裡。

許多人會認為吃掉就沒了，那是因為他們把焦點放在失去什麼，而沒看到自己得到什麼。現在如果你把剩下的西瓜分享給別人，自己看似沒了，卻得到友誼和喜樂。不是嗎？

失去其實是一種獲得。隨著年紀漸長不免感慨，總覺得自己失去很多，失去了年少時的熱情；失去了視力和體力；但反過來看，確實也得到不少，得到了成熟的穩重，得到寬廣的視野；雖不能像以前走得又快又遠，但也因此學會放慢腳步欣賞周遭的風景。

＊＊＊

是叔本華說的吧！「人生好比刺繡，要看正面，也要看背面。」我們常會因為「擁有」而快樂，為「失去」而悲傷，那是大家忘了倒過來看。

前陣子鄰居告訴我說她的愛犬露露死了。她難過地說：「我不明白事情怎麼會這樣，幾天前露露還活蹦亂跳，後來生病，隔天就死了。這叫我怎麼接受？」

「妳不妨這樣想吧！」我沒把握自己該怎麼安慰她，於是建議她反過來想：「如果上帝有天想跟妳定個君子協定：『我打算讓妳擁有一隻可愛、貼心又討人喜歡的愛犬，我給妳十五年，時間到了我會帶牠回天堂。』她很快地回答：「嗯！我會毫不考慮就接受。」

幾天後她告訴我說，她不知道這是否真是上帝的心意，但我的這番話讓她釋懷了：「我不該老覺得是自己失去什麼，而應該要想到上天曾賜給我什麼。」

有人失戀，常認為自己耽誤了青春，我說倒過來看：「在這些年相處，你有沒有學到更多的東西，體驗更多生活感受，認識更多的朋友，更能理解別人，更善於相處和溝通，更懂得表達自我感受、見識了更多的事，更善於處理狀況？」

看過尋寶和探險的電影的人，應該發現了，精彩的尋寶電影都有共通結局，一群人歷經千辛萬苦找到了寶藏，卻總是在千鈞一髮之際，又失去了寶藏，一切成空。可以說，最重要的一件事是追尋寶藏的過程。最後終於成空，空卻不是無，而是通過了追尋與失落之後的啟發。

人生不也是這樣嗎？也許從生病中學會自律與自愛、從身體殘缺中學到思想無限自由、從財富大起大落中體會簡單富足、從死亡與分離中領悟愛與珍惜……。生命中有多少事情，在發生當時看來是那麼驚天動地，但多年後事過境遷，你再回首前塵往事卻滿心欣慰地說：「感謝老天爺讓這件事發生，若非如此，其他事就不會接踵而來，也不可能成就今日的我。」

泰戈爾的名言：「不要為失去太陽而流淚，否則你也將錯過美麗的星空。」

失去，倒過來看就對了。想想看：

要不是失戀，你會跟其他的人交往嗎？
要不是失業，你會走上現在這條路嗎？
要不是失去那些，你會學會現在這些？

得失之間，全以你的視野而定——

如果你只看眼前，也許是失去；如果拉長時間看，反而是得到。如果你注意的是失去，你就只有失去；如果你看見的是得到，你就真的得到。

出路在於思路

什麼叫做機會？機會就是別人所無法看到的東西。

機會在那裡？就在別人認為不可能的事情當中。

曾讀到一篇文章，感觸很深。寫的是當年新加坡想要發展旅遊事業，但是，新加坡旅遊局卻沒有找到合適的旅遊景點。於是，就呈送一份報告給總理李光耀，大意是說：我們新加坡不像埃及有金字塔，不像中國有長城，不像日本有富士山。我們除了一年四季直射的陽光，什麼名勝古蹟都沒有，要發展旅遊，實在是巧婦難為無米之炊。

李光耀總理看過報告之後，很不高興。

他在報告上批了一行字：你想讓上帝給我們多少東西？陽光，陽光就夠了。

在李光耀的建議下，新加坡利用一年四季直射的陽光，種花植草，在很短的時間裡，發展成為世界著名的「花園城市」，連續多年，旅遊收入居亞洲第三。

引述海明威在《老人與海》中的話：「現在不是去想你缺什麼的時候，該想的是，你能以現有的東西做什麼。」

＊＊＊

某大學的學生畢業在即，有天，教授在課堂上，突然問了學生們一個問題：「你們覺得世界上哪些地方的美食最有名？」

「法國！」一個學生舉手搶答：「法國料理舉世無雙！」

「是日本！」另一個學生說：「日本懷石料理簡直就是藝術！」

另外還有學生說：「是中國的四川！四川料理又麻又辣，讓人越吃越愛！」

「你們都說得很有道理。」教授說：「現在，請大家想一想，這些以美食著名的地方，有什麼共通點？」

學生左思右想，卻都答不出來。

最後，教授宣布答案：「這些地方的共通點就在於——他們都是食材缺乏的地區。」

學生們聽了，議論紛紛。

教授繼續解釋：「以前的法國不容易吃到新鮮的海產，所以食物才要經過醃漬、添加香料；懷石料理發源於京都，京都地處內陸，新鮮食物少，不容易取得，所以得靠精緻的擺盤、裝飾取勝；過去的四川也不例外，要加辣、添香，以彌補食材的不足。」

學生聽了覺得很有道理，紛紛點頭。

「我之所以說這件事，是希望所有同學畢業後都能記得……」教授說：「永遠不要抱怨自己資源不足。因為資源不足，往往就是你們最大的資源。」

* * *

如果老天爺為你關一扇門，就會為你開一扇窗。

上天給你普通的家庭，是為了讓你學習自立；給你普通的頭腦，是為了讓你學會勤奮；給你普通的能力，是為了讓你學會務實；讓你受騙，是為了讓你變聰明；讓你受傷，是為了讓你變堅強；安排敵人給你，是為了讓你超越自己；讓你挫敗，是為了讓你累積經驗；斷了你的去路，是為了讓你看到另一條路。

羅患小兒痲痺症的小提琴家伊扎克．帕爾曼，有次他在紐約林肯中心的演奏會上，遇到琴弦斷裂的情況，但他仍面不改色地用剩下的三條弦演奏。在觀眾歡呼聲中結束演奏的帕爾曼說：「用自己所剩的東西創造出美好的作品，正是藝術家的工作。」

這也是我想傳達的。成功，不是贏在起點，而是贏在轉折點。真正的成就，不在於握有一手好牌，而在於如何將一手壞牌打得可圈可點。

出路在哪裡？出路在於思路。

一塊地，不適合種麥子，可以試試種豆子，豆子大了可以拿去賣，如果賣不完，只要拿回家澆水讓豆子發芽；豆芽賣不完，就讓它長大些，變成豆苗；豆苗賣不完，就讓它再長大些，移植到花盆裡，當作盆景來賣；盆景賣不完，就再把它移植到泥土中，讓它生長，它就會結出許多新豆子，從幾顆豆子變成千上萬顆豆子。

把 change 變成 chance

這世上沒有什麼是不會變的，唯一不變的，就是不停的改變。

每個人都有想要改變的地方：我們想得到更好的成績、想找到更好工作、想擁有更好環境、想改變婚姻的互動、想要戒菸或戒酒、想要減重、塑身……。我們想改變自己生活的夢想一直都在。

另一方面，有時候我們是被迫改變。或許你被開除、愛人離你而去、健康亮紅燈、發生意外、親人死亡或是人生方向轉彎……。這些事以各種不同面貌出現，逼得我們做出改變。

人是很軟弱的，有時候，我們感到改變的可能性，而興奮到真的想去做。但是等到過了興頭，我們又再度回到原點。

人也是膽怯的，我們一直尋求安全感，喜歡待在安全區之內。不幸的是，這反而成了禁錮我們的牢籠。結果呢，我們就一直待在自己厭惡的工作上，窩在我們不喜歡的地方，糾纏在對自己有害的關係中，保留一堆壞習性，照常抽菸、喝酒，讓自己陷入迷醉或沮喪之中。

當然，改變對任何人來說都不容易。之所以困難，就是只看到外在的變化，卻忽略內在的轉變。舉個例子說：你失業或分手了，這對你無疑是個大變化，但如果在此同時，你的內心沒在渴望什麼新發展，那麼你所面臨的，將是一場災難。相反的，假如你原本就渴望有新發展，這變化就是轉變的契機。

分享知名企業家李嘉誠說的一段話，很有意思：「雞蛋從外打破是食物，從內打破是生命。人生亦是，從外打破是壓力，從內打破是成長。如果你等待別人從外打破你，那麼你注定成為別人的食物，如果能讓自己從內打破，那麼發現自己的成長相當於一種重生。」

我不知道你的生活有什麼改變，但我知道任何變化都會帶來不安。因為所有改變都是具有破壞性，即使是好的改變亦然。人生會走向新局或退縮，關鍵就在此時。

一位女企業家，回憶起過去，當她談到造成她婚變的第三者時，她說：「有時還應該感謝她，若不是她的出現，我的婚姻仍停留在一灘死水的狀態，現在我就不可能離開他，更不可能自己創業。」

有位視酒如命的病人，在一場意外後脫胎換骨，他告訴我：「若不是那場意外，我一定還是老樣子。」

還有位傑出的直銷商說：「如果我沒被解雇，或許永遠不會認識這個事業。以前我擁有穩定收入……，我一直以為自己就此終老一生：現在我相信，上帝有時候會刻意攔住前路，讓我們轉換方向。」

＊＊＊

在著名動漫《航海王》的劇情中，草帽魯夫一行人在夏波帝諸島遭受慘敗，分散到世界各地。兩年後重新聚集，實力驚人提升。危機也可以成為轉機，端看我們如何面對。

我這輩子花了很多時間，在面對改變所產生的負面影響上面，而生命中的重大轉變，是學會了面臨改變時，懷抱希望。這些年來我有很深的體會，在失去某些東西後，就會有更好的事物進入我的生命中。

英國作家 **D.H.** 勞倫斯說：「我們正在改變——我們必須改變，我們不得不改變，就像時序入秋，葉子不得不變黃，然後凋落。」

改變就是機會。放掉枯黃的葉子，新的嫩芽才能冒出來。試著換掉change中的一個字母，就變成chance了。

一隻毛蟲怎麼樣才能跨過一條大河？是該更拼命地蠕動嗎？當然不是，是「先」化繭成蝶。

轉變真正的重點，不是外在的改變，而是內在——想要以新的視角看待問題，你必須「先」放棄原來的觀點；想要以新的方式處理問題，你必須「先」放下現在的方式；想要擁有你所沒有的，你必須「先」去做你沒有做過的事。

想要變成一個不同的人，你必須打從心底「先」放下原來的自己，然後才能創造一個全新的你。

Chapter
4

全心專注，享受人生的不完美

藉由戰勝一切障礙與阻力，
人終將抵達他所選擇的目標或目的地。

——哥倫布

苦樂都照單全收，只為不想錯過

人來到世上的目的是什麼？每當這麼問，得到的回答不外達成什麼目標、到達某個地方、建立某些關係、完成某些夢想……。

有人說：我的人生目的就是追求快樂。而當抓不到的時候，我們就覺得失望沮喪；更何況快樂出現了，也不一定會長久。

也有人說：人生就是與愛人長相廝守。如果你們在一起，人生就沒有目的嗎？如果關係不如預期，或是以分離收場，你的人生是不是就毀了？

還有人說：人生目的就是成功發達、賺大錢。我所有的一切努力就是為了這個。然而如果你功成名就，賺到了錢，難道就不會空虛，覺得突然之間失去人生目標？更慘的是，要是沒發達或發財，是不是一生就白活？

其實大家都搞錯了，人生最重要的一件事，就是來體驗人生。是的，人活的是一個過程。要不然，明知都要死，為什麼還活著？

環顧四週，你看到的每一個人就像你一樣，尋尋覓覓，想抓住這個，想擁有那個。然而，到頭來當我們嚥下最後一口氣時，所有戀戀不捨的事物都將被剝奪，包括我們朋友、家人、房子、所有一切，甚至我們的身體。

很多人在臨死前，常會對自己一生感到莫大的追悔，覺得白活了，如果能重新開始，他一定過「完全不一樣」的生活。因為他們錯過了，錯過了體驗、錯過了欣賞、錯過了歡樂、錯過了所有……生命怎麼就這樣結束，這是多麼悲哀啊！

想像一下，你走進一輩子只能進去一次的遊樂場，你打算怎麼度過？是不是會玩遍每一項遊樂設施，無論刺激還是平淡，都是一種有趣的經歷；要嘗遍每一種特色小吃，無論味道是酸還是辣，都是新鮮的體驗……夕陽西下，離開遊樂場的時候，你沒有遺憾，因為你已經嘗試了各種體驗。

＊＊＊

一個人生命圓滿與否，就在他是否體驗這一切——悲、歡、離、合；酸、甜、苦、辣；生、老、病、死，和所有的不如意。

美國女作家伊迪絲．華頓曾這麼描述法國人：「他們並不害怕人類世界所有的感情，無論快樂喜悅或是狂喜憤怒……法國人沒有逃避生命這種想法。就算可以，他們也不會試著這麼做。他們把生命當作一份偉大的禮物，因此他們已經準備好日子、壞日子都照單全收，而不錯過黃金年代的任何一天。」

我推崇這種「法式人生觀」——苦樂都照單全收，只為不想錯過。我希望自己在臨終時能大聲說：「太好了！我想做的事都做了，甚至還更多。」我說的不只是環遊世界或功成名就這種事。我希望自己儘管害怕，還是願意冒險，還是承擔起責任，還是讓自己再度挑戰；因為唯有走過經歷過了，那才叫人生。

這樣想吧：如果我們整個人生，沒有經歷過迷惘、挫敗和悲苦的話，你能說自己曾經活過嗎？

沒走過的是路，走過的是人生。當你避開爬山的辛苦，也錯過登山的樂趣；沒有品嘗過痛苦，就無法體會苦盡甘來的滋味。

生活有酸有甜，才有體會；心情有悲有喜，才會豐富；日子有陰有晴，才叫自然；生命有苦有樂，才是人生。你唯一要做的就是盡情地體驗。

學習柔軟的心

人生其實可以很簡單，只要認清什麼事情是可以改變的，什麼是不能改變的就可以了。我們要做的是：改變能改變的，接受不能改變的。

舉例來說：你一生下來便是這個容貌，這是不能改變的，但你可以改變你的表情；家人朋友遭遇挫折，你無能為力，但你可以陪伴，讓他知道旁邊有人，需要的時候他可以找誰。

人的一生中，有太多的事情，都不可能完全如我們所願，也許事情並不符合預期、婚姻沒有想像中美好、工作遲遲升遷不了、病況越來越嚴重……。很顯然地，如果你不接受，就會產生許多痛苦與煩惱。因為事實並不會改變，對嗎？

如果我眼睛很小，嘴巴很大，我接受這個事實，就不會為此煩悶。反之，如果我不願接受，那會怎麼樣？我的期望必會帶來挫折，抗拒只會陷入沮喪。

接受就是順服於既成的事實，這並不是認命，也不是妥協，而是看清現狀，當你學會接受事實，才能專注可以改變的事情。

我很喜歡大衛王的故事（聖經舊約的列王記）。當拔示巴生第一胎時，孩子生命垂危。大衛悲嘆呻吟，他扯自己頭髮，日夜不停地祈禱。最後他聽見了僕人耳語，他們不敢告訴大衛孩子已經死了。大衛卻說：「當孩子仍活著的時候，我還能希望上蒼垂憐，但如今我必須接受事實。」於是他就沐浴進食，而且還去安慰太太。一年後拔示巴又為他生了個兒子，取名叫所羅門。

＊＊＊

認清「什麼是可以改變」與「什麼是不能改變」的區別。

你能改變天氣嗎？你能改變路況嗎？你能改變別人的個性嗎？你的婚姻、孩子、健康、事業、人際關係，都是按你的期待發生的嗎？在工作上你可以決定晉升嗎？在投資上你可以保證獲利嗎？你能讓事情都跟想的一樣嗎？你能改變生死嗎？

那是不可能的，這些都是我們無法控制的事。如果我們耗費時間和精力在自己無法改變的事情，我們只會變得更無助、更無力。

那我們能改變什麼？我們能改變的就是自己。包括我們的態度、選擇，以及如何看待發生在自己身上的事情。說得更簡單一點，我們能改變的就是對事情的反應。

我們需要學習柔軟的心——能伸能屈的樹木才能抵得過狂風，這就是接受的藝術。

有學生問希臘哲學家愛比克泰德，怎麼過好生活。愛比克泰德說：「不要企圖讓事情照你希望的那樣去發生，而要努力按事情發生的方式去希望，這樣你才能一帆風順。」

有學生問愛比克泰德，怎麼成為智者。他說：「不為自己沒有的東西悲傷，而要為自己擁有的東西喜悅，這才是智者。」

美好人生並不是把我們的人生變完美，而是學會活在人生的不完美。

你的心就是快樂的源頭

林肯說過：「樂由心生」。快樂是一種感覺，一種如人飲水，冷暖自知的感覺。

我們都知道，如果突然聽到家人生病的消息，即使身在浪漫郵輪上度假也會憂心忡忡。但是如果知道辛苦培養的孩子考上第一志願，一家人即使住在貨櫃屋裡也會興高采烈。快樂，不是因為你擁有什麼，而是因為你的內心感覺到什麼。

快樂也不是某人帶給你的。你應該見過伴侶和孩子都很好，卻自尋煩惱的人；你應該也聽過有人家庭破碎，卻仍樂觀開朗。

快樂跟收入有關嗎？有些人很有錢，卻滿足不了自己的欲望，而有些人沒什麼錢卻很滿足。生活豐衣足食，生命不見得平安喜樂；平安喜樂的人，生活不見得豐衣足食。快樂都取決於我們的內心。

你或許擁有一卡車名牌包，但是你能夠將它們帶到心裡去填補不滿嗎？得到升遷或考上名校就會讓你人生完美嗎？買一部名車或一棟別墅會讓你平安喜樂嗎？

這是不可能的。有錢可以買新車，可以雇用司機，但是坐在車裡的還是同樣的你。如果你內心不滿，就算住在豪宅你也不會滿意的，因為要去住在那裡的人是誰？在「豪宅抱怨」和在「貨櫃屋抱怨」，這兩者有什麼不同嗎？

不滿是從內在感覺到。檢視你從小到大，你要東要西，但你可曾滿足？還是不久之後你又覺得好像少了點什麼？加薪、聚餐、買新衣、得到某人讚美，都曾讓我們雀躍不已，但遲早我們的內心還是會回到原點。一個有領悟的人就可以看出，這樣的快樂說穿了都是外在感官和欲望的滿足，那都是短暫的。

沒有什麼終得圓滿的，除非你的心中感到圓滿。同樣，無論你賺了多少錢，又實踐了多少夢想，除非你能知足，並對現在的你感到滿意，否則快樂是不長久的。

＊＊＊

美國作家羅傑斯所言甚是：「大部分人在下定決心快樂的剎那，可能就是他感到最快樂的時候。」

快樂是一種選擇，一種決定，如果你賺了一百萬就會快樂，其實並不是一百萬使你快樂，而是「那個快樂的決定」讓你快樂，因為並不是所有賺一百萬的人都如此快樂。

請記住，你自己就是自己快樂的理由。養成知足常樂的心境吧，很簡單。你不必去擁有，只要學會感受。當你進入一座花園，你不需要在意這屬於誰，你要做的只是欣賞這美麗的花園——這所帶給你的美好，難道不是跟花園的主人一樣嗎？真正的快樂是免費的。沿途青青的草地、美麗芬芳的花草，開闊的田野，壯麗的山林，潺潺的小溪，夕陽灑下餘暉……放慢腳步去感受，這些美好都留在你心中。

即使世事不能盡如人意，也不要把責任推卸。所有外面那些，都不能真的讓你不快樂。只要你決定要快樂，沒有人能夠奪走它。外在發生的任何事，都只是一件由你來定義的事，不會真的有能力奪走你的快樂。

也許你認為要擁有什麼才快樂，請靜下來想想：「這些東西真能帶來快樂嗎？」你可以檢視內心，「快樂到底從何而來？」是你的內心，對嗎？當然啦，要感受快樂，也不一定要擁有什麼。就像小孩一無所有，一樣可以很快樂。

也許你對自己的成就感到快樂，你可以靜下來想想：「這快樂是怎麼來的？」當你所企望的目標終於達到的時候，是誰要你快樂的呢？也是你自己，不是嗎？

快樂是你自己決定要快樂起來的結果，僅此而已，就這麼簡單。快樂的人即使有時也會遇到挫折和問題，但他們仍舊能保持愉快的心情。

敞開心胸、感受幸福、知足就常樂！

清楚知道自己「要什麼」

太多人不知道自己真正要什麼，總看別人有什麼，廣告宣傳什麼讓自己心動的事物，於是依據這種社會價值當自我價值。例如：追逐名利、買名車、名牌包、窈窕身材、當明星藝人、嫁入豪門、住豪宅、開民宿……想擁有這些本身並沒有錯，事實上，能得到它們是很棒的，沒有必要排斥。但是，我們都應該要仔細觀察自己的心，看看這些東西是不是真的能給自己帶來快樂，還是會陷自己於更多的煩惱？

英國作家王爾德的經典名言：「人生只有兩種悲劇，第一種是得不到你所要的。」這當然是悲劇了；他接著說：「第二種悲劇是得到你所要的。」這怎麼也是悲劇呢？因為得到之後才發現自己搞錯了，跟原來想的不一樣。

你費盡心力想出人頭地，為什麼？是不是你曾聽人們談論如何賺更多錢，或者擁有更高的職位，然後就可以隨心所欲，過著自己想要的生活。但事實真是這樣嗎？你爭名奪利、趕在別人前頭，真的「隨心所欲」嗎？當你汲汲營營於追求，是否發現自己失去了什麼？

人們越來越不快樂，正是犯了本質上的錯誤——想要的太多，卻忘了內心的需要。

如果不去觀察心，當心產生欲望後，我們就不停地為它忙碌：職位升遷、銷售業績、收入的數字、流行的商品……。我們變得太過執迷於欲望的追求，把努力的焦點、時間精力全放在這裡，於是產生競爭之心，目光視野就會變得狹隘，在世俗的漩渦中越陷越深，歡樂的影像也越來越模糊。

打從一開始就被誤導了。我們不能從惡夢中追求快樂，而必須從惡夢中醒來。

＊＊＊

安東尼．明格拉導演，曾以一部電影《英倫情人》獲得九項奧斯卡獎提名；他說在執導影片裡的一幕的情況就像是「如果你不知道自己要的是什麼，那什麼也拍不到」。其實，我們每個人都是「我的人生」這部戲的導演兼演員，做任何事我們都要向內問自己：「我要的是什麼？」或反問：「這是我要的嗎？」

一位朋友忙著賺錢，他說：等他賺夠錢，要到清境農場蓋民宿。

我告訴他：你必須清楚地認清自己是想到那裡生活，還是賺錢？

如果你是去享受生活，你才能體會那裡的美；如果你想要賺錢，當你把一枚硬幣放得太近就會遮蔽所有視野。

你或許可以得到想要的東西，但不可能得到想要的一切。因此，你必須很清楚知道自己到底「要什麼」。一個不清楚自己要什麼的人，就得不到自己想要的。

想過嗎？當你快樂時，又怎麼會有這麼多的欲望？當你有那麼多欲望時，又如何能快樂呢？

回顧以前，那時候的人生活貧窮，但過得卻比較快樂。很多人都說自己最幸福的時光是小時候，為什麼？那是因為當時我們想要的東西很少。

如果你懂得去欣賞，去感激擁有的一切，那你真的不需要什麼，就可以過得很美滿——一個笑臉可以是快樂的理由，一首歌可以是歡喜的原因，一杯冰水也可以成為幸福的體驗。

一定要享受過程

我們的社會非常以結果為導向，環顧四周，你會發現我們身邊有很多這樣想法的人：總以為現在努力賺錢，以後才能好好享受。他們日復一日地工作，不敢有絲毫放鬆，以致生活壓力重重、終年奔波勞苦。

也常聽到有人因為達不到自己的人生目標而懊惱，像是沒考上理想學校、沒得到想要的職位、得不到心愛的人……嚴重一點的，還會為此抑鬱寡歡，得憂鬱症。聽多了，不免感慨，是否我們都太執著於目標了。

其實人生大半都是過程，過程不開心，人生大半很難開心。如同爬山時老望著山頂，就看不到腳邊的花花草草。

記得有一天，我準備帶兒子去公園玩。行經的路上，兒子看蝸牛看到出神，站在原地不動了，我忍不住催他走快一點。

但仔細思考就發現，去公園並不是我原本的目的，真正的目的是帶兒子玩得開心。太急迫匆忙已讓我偏離了原本的目的。

我常引用一句話：「生命的重點在於過程，而不在結果。」年輕時，覺得這只是句名言；現在再回過頭去看，才覺得這些話的意義遠比我們想像要來得重要。例如：因為你深愛某人，所以有了寫情書的創作欲，遇到對方的各種反應，也會衍生各種千迴百轉的情緒，從這個過程的歷練，變得更成熟。

相反地，如果你把結果看成一切，甚至覺得愛情若沒有順利開花結果，就是浪費青春，那麼，你失去不只是一段情感，而是那段關係所賜給你的禮物也一併失去。

就像栽種水果的人，如果他栽種目的是為了收成和買賣，他就會希望自己的水果比別人大、比別人多，那麼這種欲望將會使他失去快樂。因為他會變得患得患失；相反，如果他能真真切地感受泥土的芬芳、享受陽光的溫暖、傾聽婉轉動人的蟲鳴鳥叫，那麼他就完全能享受田園之樂。

年輕時，我把大部分時間都花在等待「終點」。在學校，我等不及下課；上班時，等不及結束手邊的工作；星期一，等不及週末；出去渡假時，迫不及待地想要抵達目的地；有了孩子，又希望孩子能快快長大。然後有一天我發現，自己把大部分的生命都花在等待某件事的發生與結束，而不是享受過程。我甚至不知道自己正度過人生之中最甜、最美的一段。

現在我的孩子已經長大了，我覺得他們彷彿昨天還坐我的腿上，聽我講故事，時間過得好快，真希望能回到過去那些時光。

約翰．藍儂的肺腑之言：「在你忙得不可開交，無暇思及人生問題之際，人生便悄悄地從你身邊流逝。」人生其實是由許多匆匆流逝的經驗所組成的，我們只要回顧過去五至十年的時光就可以明白這個道理。有位九十歲老人回憶過往，他告訴我：一開始，日子會緩慢滾動，多數人對時間消逝沒感覺，心想：「當我六、七十歲時，怎樣怎樣……」但你很快就會到達那裡，相信我，即使我已活到九十歲，那來得如此之快，快到我來不及享受，快到我不知道它已經發生了。

所以，不要再延緩要過的生活，不要說將來有一天我想過的日子會來臨，現在就踏實地享受，因為生命是不等人的。

有位病人近幾年飽受健康問題所苦。她有了深刻的體悟：這些日子我大都在對抗病魔。一旦身體出了問題，每個日子都會變得更重要，因為你不知道明天會怎樣。在心臟病突發兩、三次之後，我深深明白這個道理。盡可能享受每一天，未來誰也不敢掛保證。真的，要做什麼現在就快去做吧！

她是對的。許多人一直在預約幸運、想像幸福，最後卻無法真正地享受幸福。

生命是一趟旅程，它並沒有最終的目的地，如果有的話，那就是墓地，因此，在到達那兒之前，別忘了，讓自己聞聞沿路的花香。

想像一下：有兩個孩子搭車到動物園玩，但要坐幾個小時才能到達目的地。其中一個小孩只想盡速到達動物園。一路上他都處於煩躁狀態，每隔幾分鐘便抱怨：「還沒到嗎？」「好無聊？」「還要多久？」另一個孩子也想盡速到達，但他沿途說笑歡唱。他望向窗外，原野上有好多牛羊，驚喜發現火車轟然開過，對著友善的行人揮手。

請問：你認為哪個孩子的旅程較美好？萬一車子在半路拋錨，他們到不了動物園，哪個孩子的旅程較豐富？

不管你現在在哪裡，好好欣賞所在的地方，而不是一心想著還沒到的地方。

生活也需要有點變化

到歐洲旅遊，常看到悠閒畫面。人們叫了一杯飲料，就可以在露天街道泡上一整天，有的閉目養神，有的翻閱雜誌，有的一面聊天一面享受日光浴。

一位朋友到巴黎鄉下旅行，有一天下午，他想到商店買些東西，卻發現這裡的商店門都關上，後來問過當地人才知道，原來他們去享受下午茶。

人都需要休息，生活也需要有點變化。任何人都會對自己對生活與工作日久生厭，即使不是厭倦也會有平淡無味之感。家庭主婦深愛著子女，但是有時也該暫離孩子讓自己休息，好讓自己像個女人，而非女傭；沉迷工作的男人，也別做個不停，就算是美國總統，也會到大衛營渡假，而且一待就是整個星期。

或許你沒辦法控制自己的工作量。即便如此，還是有很多方法可以簡化你的生活，也許你不需要出那麼多差、攬那麼多工作、甚至不需要賺那麼多錢。也許你不需要答應這麼多事，不需要一直看電視，或掛在網路上。你更不需要等待一切問題都解決，等待那顆欲求的心被填滿，畢竟你的時間本來就是你的，不是嗎？

我偶爾會設法放下工作離開幾天。每隔一段時間，我便感覺到這種需要，讓自己遠離塵囂，到外地漫遊。一如在高速公路上連開了好幾個小時，想改道開到樸質的鄉野小徑，暫時跳脫千篇一律的生活，讓這趟旅程更加美好、愉悅。

你當然不一定要開一大段路或花一大筆錢才能有這種體會。只要懂得生活情趣，不論在什麼地點，即使是喝茶、喝咖啡、飲食、聽音樂都是一種細緻的品味。

早晨醒來，你可以選一些節奏輕快悅耳的曲子。如西貝流士的《芬蘭頌》、李斯特的《匈牙利狂想曲》第二樂章及蕭邦的鋼琴曲《波蘭舞曲》和《馬厝卡舞曲》。

心情煩躁時，聽貝多芬的《田園》交響曲或是德布西最具代表性的作品《牧神的午后前奏曲》，讓心中的不安騷動，隨著牧神的笛音，進入仙女的世界。沖杯咖啡，配上韋瓦第的《四季》協奏曲，則是舒緩緊繃心弦的良方。

在寂靜的夜晚，關掉燈，燃上燭，陶醉在舒曼《夢幻曲》或貝多芬的《月光曲》裡，就能體會詩人惠特曼說的，「讓心飄蕩，喚回靈魂」是什麼感覺。

＊＊＊

平常我喜歡泡茶，喜歡看茶葉泡開，那綻放的綠意緩緩、煙霧裊裊，幻化成有如畫裡山水的古典溫厚；細品茶湯的清香，有時似乎還可以聞到嫩葉泥土的氣息，甚至連陽光的溫熱都存含於斯，好像喝下這杯茶，連孕生那片土地的人文滋味也啜飲下去了。

只要時間許可，我也會下廚。我會邀太太一起到市場去買菜、挑菜、配菜，因為整個做菜過程的樂趣，當然也包含採購的部分。那種貼近生活的感覺，才是最原味的。

你可以在超市買到配好、切好的原料，但那樣做出來的菜一點個性都沒有。飲食不僅止於吃喝的行為，而是個人品味的表現，也是創作的延伸。品味的關鍵不在錢的多寡，而在時間與心境。

想起張潮在《幽夢影》書中論閒說：「人莫樂於閒，非無所事事之謂也。」閒能讀書、賞樂，閒能遊名勝，閒能品茗，閒能交益友，閒能安適情緒。人生之樂，莫過於此。

把重擔卸下來，就有閒情。何必急於一朝，爭於一時？忙中偷個閒，在斜照夕陽中泡一壺茶，躺在草地上曬太陽……。心情放開了，人間何處不逍遙！

所謂時間管理，不是把時間表排得滿滿的，或是做愈多事愈好，而是要讓自己輕鬆自在的支配時間，那樣才對。一個越是每分每秒都不浪費的人，就越不可能成為時間的主人，反而在不知不覺中成了時間的奴隸。

人生就像溜冰，要直線加速並不是難事，但是要溜得好，就必須學會轉彎和煞車。

回到當下這一刻

有沒有停下來想過，一天當中有多少時間，你處在身心合一、活在當下？比方說，當你吃東西的時候，有多少時間是真正在品嘗食物的味道和享受它的香氣呢？又有多少時間，你的注意力是放在電視、看報紙或雜誌、做白日夢或與別人交談呢？當你睡覺時，又有多少時間在想白天未解決與尚未發生的事？

試著自我觀察，常常你身體在做一件事情時，你的心會到處遊蕩，你開車的時候，你可能腦中一直想著方才路上所看到或聽到的事。有時你一心多用，你聽著音樂，心裡同時盤算一個重要的計畫。你沒有好好開車，也沒有好好聽音樂，也沒有好好的計畫。甚至開車到了目的地，卻忘了自己一路是怎麼開來的。

大多數時候，不論你在做些什麼，這樣的狀態一再發生，不是嗎？

人的心不在，就不可能活在當下，而不在當下，基本上就沒有真正在活。

你常常經過一棵樹，只是經過而已；傍晚美麗的晚霞，你因匆忙而無暇留意；路旁最近開了一朵花，你沒停下來欣賞，不久花就謝了。人生也是如此。你感覺不到青春正在消逝，但你的青春已經消逝。生命中有許多美好就這麼錯過了。

心慢下來，生活才會慢下來。以前身兼數職忙得不可開交，我也曾自問：「我到底是在做什麼？」也曾懷疑：「我一定得這麼忙碌地生活嗎？」不過我馬上便明白了，並非我生活忙碌，而是我的內心忙碌；並非事情煩雜，而是我的內心煩躁，是要做這要做那的急躁想法讓自己心煩。

要如何把心放慢？方法只有一個：要以此刻為重。當你不再老是想著必須要做什麼，而用心去過每一刻時，無論你在做什麼，都不可能感到匆忙。

如何活在當下？解答只有一個：讓自己身心合一。你唯一能確知的事情就是，你在這裡，不管這裡究竟是在何處。從今以後，只要你的注意力開始飄到別的地方去，就馬上回來，將你的動作和念頭連在一起，即是活在當下。

現在，到處走一走，在住家附近走動走動，步伐放慢，但要有意識地走。看看你的周遭，讓眼睛落在你的目光所及之處。如果你剛好看到夕陽，在那當下，你只是單純地與夕陽同在，觀賞光影和色彩在雲朵天際間的變化萬千，感受眼前的景象。

如果你跟孩子或伴侶講話，別匆匆忙忙地，同時講電話、滑手機或看電視。試著全然地投入此時此刻，真正地聆聽對方說話，凝視彼此的眼神，感情就會有交流。

假如你正駕車去赴一個約，而且已經遲到了，那麼，讓你的腦子轉到不久後，想像你到達時可能會發生的所有不好的事情，並不會使你早一點抵達。只要學習將注意力拉回此刻——專心開車，你會發現心情放鬆許多。

假如你能夠在面對日常瑣事時，都維持人在心在，你會發現自己更享受做事的過程。慢慢地吃東西，一口一口地喝茶，你才能領略其中滋味；慢慢地走路，慢慢地呼吸，你會發現心也跟著慢下來。當一切都放慢下來，就能對自己和生活產生更多的洞察與感知。

詩人高恩曾如此吟誦：

往下走的時候我看到了，
往上爬時不曾看見的
那朵花。

腳步放慢，為的就是看到當初飛奔而上時未曾看到的「那朵花」。

前陣子我到福壽山農場，清晨特別早起，漫步於幽靜小徑，沉醉於朦朧的晨曦中，感受透人心沁的涼風，耳朵不時傳來嘹亮悅耳的鳥啼聲。抬頭遠眺，水氣瀰漫著山谷，遠處一道曙光乍現，彷彿仙境般，心中頓時浮現一片寧靜祥和，不由闔上眼睛，待回神過來，抬頭一看，一隻金翼白眉就在眼前的樹枝上，只見牠毫無畏怯地看著我，那麼可愛優雅，讓我驚喜不已。回木屋時，太太告訴我：「牠是特地飛來給你看的！」我一直記得她所說的，牠是特地飛來給我看的。

是啊！當我們慢下來，晨曦、鳥兒、花朵都為我們存在，如果我們連一刻都不能停下來，即有最美的風景，又有何用？

印象派畫家莫內提醒我們，「不要去看事物的表面，而要深入事物的深處。」我們看不見某個事物的美好之處時，並非不存在，而是我們不投入與融入。

下次，出門的時候，記得停下腳步，專心地看看這個世界。多留意大自然的鳥兒、蔚藍的天空和翠綠的草地。去感受草地，脫下你的鞋襪，赤腳走在草地上，將注意力集中在你的腳底，是否感覺到了什麼？

看到一棵樹，把雙手放在樹上，完全去感受它。除了你的手之外，什麼都別想。將注意力集中在你的手，看看你的手感受到了什麼。接著，把焦點放在你的嗅覺，聞一聞那棵樹，在你聞它的氣味時，同時繼續觸摸它，你將會對樹產生前所未有的體驗。

僅僅是投入更多的專注在孩子的笑聲或鳥的啼聲上面，跟牠們一樣愉悅，都會讓你耳目一新。

專注現在所做的事

人類的心靈有一半的時間都是飄移不定的。人們花很多時間思索不是當下正在發生的事情，凝思於過去發生的事件、未來可能發生的事情、或者也許根本不會發生的事情，這也是人們經常不快樂的原因。

每當你心情不好時，你的心要不是回到過去，就是想到未來，但絕不會在此時此刻。不信你可以試試看，對過去淡然以對，對未來漠不關心，然後再痛苦看看，那是不可能的。你無法痛苦，你辦不到的。如果你活在當下，不去想以前，不去想未來的事，你怎麼可能不快樂呢？

曾讀到一則故事：有一對戀人，他們彼此相愛。

他們最幸福的時刻，就是一起編織著未來。他總是幻想著將來要住什麼樣的房子，她則想像以後要生幾個孩子。

他們最不幸的時刻，就是一起清算著過去。他嫉妒她從前的每個男朋友，她則痛恨他過往的花心——即使那些人、那些事，都是發生在他們相識之前。

最後，他們分開了。直到很多年後，他們才恍惚明白這段戀情之所以失敗的的原因——他們的感情，被「未來」和「過去」佔滿，以致沒有時間，去好好地過「現在」。

去瞧瞧你的心，看看你花多少時間在過去，你的悲傷、怨恨、內疚和遺憾，不都是過去的事嗎？而你所擔心、焦慮、恐懼和煩惱不都是一些尚未到來，或者也許不會發生的事？這不是庸人自擾嗎？

過去已經過去，未來尚未到來。你唯一能夠感到快樂的時候就是現在。

為什麼你要將快樂期待在未來？你認為明天就會更好嗎？不，當明天到來的時候，它又成了今天，一千個、一萬個明天也是今天，它們都會以今天到來。如果你希望未來會更好，現在就應該先好起來。

＊＊＊

人們常問：怎樣才能脫離負面情緒？我說，脫離的方法就是專注當下。例如：一個焦慮的人白天工作時一直想著下班，由於不專心，手上的事情處理得很慢，卻又擔心做不完，於是造成全身肌肉緊繃疲痛，晚上該睡覺時又擔心白天的工作，導致失眠，就這樣一直惡性循環。

為什麼要專注？因為當你專注的時候，當你徹底經驗一件事時，你是無法思考的，當下只有活生生的體驗，那麼現在會有任何事發生嗎？就像你現在正專注地讀這本書，如果是的話，你就不可能想到過去與未來。如果你在這一刻全然專注，煩惱就進不來。

禪，最重要的是專注當下。在心理治療當中，最強調的也是專注此刻。你可以隨時用「此刻」這兩個字提醒自己，專注在現在所做的事，「此刻，我正在散步……，此刻，我正在和朋友聊天……，此刻，我正在睡覺……，此刻，我正在讀書……。」

心煩的時候，我習慣去讀一本小說或整理抽屜，通常等回神過來，才赫然發現過了幾個小時，整個人也放鬆下來，你可以試試！

禪師林鈴木俊隆說：「最重要的是，要記得什麼是最重要的事。」你現在正在做的事，就是你生命中最重要的事，這必須變成你的人生態度，變成你的生活方式，無論你是在上課、上班、吃飯、聊天或是睡覺。

當你全神貫注於手上的事，就不會想著下一件事，或掛念剛才做的事；也不會耽擱或擔心還沒做的事，你就可以從繁雜的事物中解脫出來。

Chapter 5

成為你想在世上看到的改變

若是我們所做的與所相信的相違，
那麼我們就絕不可能幸福。

——芙瑞雅・史塔克

MORE
what makes you
HAPPY
BELIEVE
Be
You

寧取快樂，而捨是非

如果沒有意外，親人通常是我們最親近的人，然而，讓我們感到壓力最大，彼此傷害最多的，往往也是我們的親人。我們可以原諒別人的錯，但對親人卻窮追不捨。

有多少次，我們和親人吵架時嚴詞批判對方，做出厭惡或輕蔑的樣子；又有多少次，我們會要配偶、子女或父母為犯過的錯誤，不斷的付出代價？只要我們又想起這個錯誤，就會責怪對方，然後要他們為同樣的錯誤再次付出代價。怪不得有人說：如果你想折磨一個人，那就讓他成為你的家人。

為什麼最愛的人感到壓力最大？彼此傷害最深？

關鍵在我們對親人的期望過高。因為我們認為越親近的人會越相互理解和支持：「別人不理解我也就罷了，怎麼你也不了解我呢？別人不懂得配合我支持我就罷了，怎麼你也不懂得呢？」許多怨懟不平也由此而生。同理，面對親人的要求和期望，因為我們很在乎，不希望他們失望、不開心，自然感受壓力更大。

其次，多數人面對衝突或相處的不悅，都有根深柢固的習慣，這些習慣通常源於家庭傳統，模仿父母之間或父母與他人的互動。最常見的戲碼就是各不相讓的口頭拳擊賽。「你東西又到處亂放」、「你整天只會看電視、滑手機」、「你都沒問過我，你太自私了」。這類批評一出口，被冒犯的一方便不甘示弱地反擊。

我曾問過他們，「如果你們都停止批評對方，不再對彼此頤指氣使，你們的生活會變成什麼樣子？」聽到這提議的人常會露出懷疑的表情，彷彿我剛剛是叫他們從此不要吃飯或刷牙。我難道沒有權利為自己辯嗎？如果不去指出對方的錯誤，他就會繼續這樣，東西亂放，家裡陷入一團亂。

家裡吵吵鬧鬧不是更亂嗎？不斷爭吵，只會折損生活品質和彼此感情。如果你希望把帳算清楚，建議你先問問自己：「到最後，我要的是什麼？我希望對方感受到我的不開心嗎？如果我反擊讓他不開心，對我有什麼好處？我真的會覺得開心嗎？」

著名的電視心理治療師費爾先生，他告訴所有來進行婚姻諮商的伴侶們，每對已婚夫妻遲早都要決定：「我想要的是對，還是想要快樂？」他很難過也很驚訝地發現，大多數人都選擇堅持自己是對的，也因此鮮少感到快樂。然後在最後，他會問那個當頭棒喝的問題來讓來賓深切反思：「那能讓你獲得什麼？」

愛是能彎腰，也能低頭。彎腰和低頭並不是因為我錯了，而是因為彼此的感情。對錯與否，反而不重要。

想起一則故事，描述兩個小孩在沙地玩耍的情景。一個孩子生氣了，大吼大叫丟下他的玩具卡車跑開，等他跑到旁邊的鞦韆時，轉過身來對玩伴咆哮：「我恨死你了，再也不要跟你講話！」大約十分鐘過後，他們開始丟球玩，開懷大笑。他們的父母觀察到這樣的互動，其中一位父親搖搖頭，既佩服又驚訝地跟另一位父親說：「孩子是怎麼做到？他們能這一分鐘吵翻天，下一分鐘又相處得如此融洽？」「很簡單，」另一位父親解釋，「他們寧取快樂，而捨是非。」

我喜歡這則故事所引喻的——討回來或是扯平，都沒有快樂來得重要，更沒有彼此的感情來得重要。

學學孩子吧！不計較誰是誰非，又哪來那麼多是非？

你有沒有遇過這種經驗？你跟人爭辯，最後你贏了，但你並不覺得高興，反而覺得低落。有人批評你，你還以顏色，你的心情非但不快樂，反而覺得更糟。

你腦海中一再重演剛剛說過的話，並試圖為自己的行為辯解。「是他不對，是他先對我這樣……所以，我才那樣。」但內心還是有種不安的感覺。怎麼回事？

其實，這是因為你違反了自己的愛和良善。你不想打擊、不想傷害對方，明白嗎？只有回到愛和良善，才會心安理得。

只要順其本性

你知道與人相處什麼最難？

想改變人最難。難道你沒發現？幾乎每個妻子都想改變丈夫，丈夫也想改變妻子，父母想改變子女，子女也想改變父母；還有些人想改變朋友或婆媳，結果呢？正如尼采講的，一心要除魔的人最易着魔——你越想改變別人，關係往往越糟。

＊＊＊

有位父親感觸很深，他說：把孩子拉拔長大的那幾年，我真是吃足苦頭，我的人生很少碰到過像那段期間一樣，帶給我這麼多焦慮和沮喪。我以為只要自己做了「正確」的事，像是要他們讀書，學才藝，教他們做人處事，而且要求他們依循我的生活準則的話，孩子們就會自然接受跟我們一樣的想法和價值觀。

我那種一廂情願的做法沒有考慮到孩子的意願。我四個孩子其中三個接連出現叛逆的情況，我懷疑，自己到底做錯了什麼？

事實上，每個人都依照自己本性，你也依照自己的本性，這並沒有什麼不對，錯在你想對方變成你要的樣子。作家喬．卡巴金說過一則故事：

有位旅人來到希臘小島，看到一位小男孩用盡千方百計，只為了讓驢子移動一步。男孩小心翼翼把生鮮蔬菜裝入驢子的馱籃裡，打算運走，但是驢子不為所動，四個蹄子穩健踩在地上。

祖父聽到騷動，走到屋外，瞥見這熟悉的景象，立即明白了癥結。他輕輕拿過孫子手中的繩子，微笑說：「等牠有心情時，試試這個方法；像這樣輕鬆握著韁繩，然後緊貼牠旁邊站著，往下注視你要去的方向路線，耐心等著。」

男孩遵照祖父的吩咐，結果不一會兒，驢子就開始往前走了。男孩開心地咯咯笑，旅行者看著他們踏著輕快的步伐快快樂樂地往前，消失在遠方的轉角。

＊＊＊

人們常問，要怎麼與人和諧相處？我的回答很簡單，只要順其本性。

每個人之所以今天這個樣子，都有各自獨特的生命經歷和背景，我們怎麼能不尊重呢？你希望做自己，為什麼別人就不能？

有位朋友說她父親已近八十歲了，老媽還是常數落老爸積習難改，她說，父母的相處模式，讓她有所警惕，一輩子用盡力氣在改變別人，到頭來只會讓自己感到挫敗與憤恨。就像那位猛拉韁繩的小男孩，這種拔河永遠沒完沒了。何不試試祖父的忠告，順其本性，讓事情自然發展？

很多人並未瞭解尊重。尊重，是不論我們認同或是不認同的，只要是出於另一個人的思想和感覺，我們都應該接受和支持。

是的，你有你的個性和觀點，我有我的個性和觀點，我不干涉你。只要我能，我就感化你。如果不能，那麼我就尊重。這即是和諧相處之道。

你不可能讓所有人都滿意

常有人會有這樣的感慨和迷惑：為什麼有的人不喜歡我？為何有人對我不滿？

其實，只要有人的地方就有是非；只要有嘴巴，就會有意見和批評，你不可能讓所有人都滿意，這是大家首先要有的認知。想要被每個人喜愛、希望大家都能認同你，不但吃力不討好，到頭來，你可能失去真正的自我。

從前有一位畫家，想畫出一幅人人見了都喜歡的畫。經過幾個月的辛苦工作。

他把畫好的作品拿到市場上去，在畫旁放了一枝筆，並附上一則說明：親愛的朋友，如果你認為這幅畫哪裡有欠佳之處，請賜教，並在畫中作上標記。

晚上，畫家取回畫時，發現整個畫面都塗滿了記號，沒有一筆一劃不被指責的。畫家心中十分不快，對這次嘗試深感失望。

畫家決定換一種方式再去試試，於是他又摹了一張同樣的畫拿到市場上展出。

這一次，他要求每位觀賞者將其最為欣賞的妙筆都標上記號。結果是，一切曾被指責的筆劃，如今都換上了讚美的標記。

最後，畫家感慨地說：「我現在終於明白了，無論自己做什麼，只要一部分人滿意就足夠了。因為，在有些人看來是醜的東西，在另一些人的眼裡則恰恰是美好的。」

沒錯，不管你做什麼，同樣的你，有人喜歡，有人不滿，有人嫉妒，也有人討厭你。在乎每個人的感受，注定自己不好受。所以，不要管別人怎麼看，關鍵是你怎麼看自己。

＊＊＊

年輕時我很害羞，無法在大眾面前演講或發表意見，這也連帶影響我的表現。我的教授發現我的問題，他告訴我，讓別人喜歡我或對我滿意不是我的工作，我只要分享訊息就好。他對我說了一句永難忘懷的話：「你的工作就是將石頭丟入水中。你不需要負責產生多少或多大的漣漪。」

之後，他的話語就一直與我同在。當我感受到試圖去滿足他人；

或因自己的期待而產生壓力時，我就會想到這個比喻。

記住但丁的這句名言：「走自己的路，讓別人去說吧！」嘴巴是別人的，人生是自己的，何必活在別人嘴裡？

別人的看法是沒有標準的。

當你留長頭髮的時候，有人說：「短髮適合你的臉型！」

當你剪了短髮，又有人說：「還是短髮好看！」

有時你不去關切別人，有人會說：「你不在乎！」而當你去關心，又有人說：「你管太多！」

即使你什麼都不做，別人也會有意見：「哼，真是自以為是！自命清高！」你不可能讓所有人都滿意。

知道你是負責人

每一個人都想要自由，但是很少人真的自由，即使我們自認活在一個自由的國度裡。但是我們真的自由嗎？我們能自由地做自己嗎？答案是否定的，我們並不自由。真正的自由——是能夠按照自己的意願生活，能夠成為真實的自己。

是誰讓我們不自由？我們責怪時運不濟、政府無能、經濟不景氣、怪老闆、怪配偶、怪上帝……究竟是誰讓我失去自由？其實是我們阻礙了自己。當我們責怪某人某事，認為別人該為我們的感受負責，我們就喪失了自由。

自由不是嘴巴說說而已，自由是責任。自由是知道你擁有自己的人生，你是負責人。抱怨別人比較容易，你不必負責，那個責任是在你所抱怨的人身上。然而這麼一來，整個方向就錯了，如果問題在別人身上，你有什麼辦法呢？你是受制別人，你無能為力，這樣又何來自由？

「這關我什麼事？又不是我的責任！」「又不是我錯，為什麼要我改變！」在我們的周邊，經常聽到這樣的聲音。有些人長期表現自己的憤怒和憎恨，原因在於，他們喜歡歸咎、指責或咒罵某人。「是他讓我生氣」、「是他讓我沮喪」……換句話說，他是在逃避為自己的言行負責。

事實上，你負起所有責任，並不是說別人就沒有錯，就不必負責，這點常被誤解。「你的想法是在你心中產生的」。在任何時刻，你都可以決定改變自己的想法，這也表示你無法左右別人的想法。別人對你的反應，是由他們的想法決定。同樣，你要怎麼做，也跟他人無關，那是「你的自由」，而別人要如何，也不是你能夠控制的。

自由是知道你擁有選擇權。你控訴傷害你的人，有時候他的罪責不過是顯示你的缺點和脆弱；你怪別人沒善待你，你更應該善待自己。你不需要改變別人，但你能改變你對他們的反應。當你選擇快樂時，就不必靠別人的某種行動才覺得快樂，也不必去責備、抱怨、怪罪別人。

當然，在開始時，要接受說：「我必須負起所有的責任。」並不容易，但這只是一開始，因為隨著那個責任被接受，情況就會有很大的轉變：「如果我負責，那我就可以作主；如果我想改變，那我就可以改變。」你將感到驚訝，一旦負起所有責任，你不再責怪他人，你不再是受害者，你不必再求人，你就重獲自由。

人們渴望自由，卻不知道自己生而自由。放下對他人執著，讓他人自由，我們也就讓自己自由。

自由是你早就擁有的，人家也拿不走它。你可以選擇自由，你也能選擇放棄，你不會沒有選擇，從來不會。事實上，你的每個決定，你的每一個思想、你嘴裡吐出的每一個字，都是讓你去體驗你擁有的選擇。

你選擇你的記憶，你就有怎麼樣的過去；你設定什麼樣的目標，你就有什麼樣的未來；你怎麼看待別人，那個人就怎麼看待你；你有什麼樣的心境，你就有什麼樣的處境。你有什麼樣的人生，全由你負責。

每個人都想被愛

如果你觀察你的每一個願望，就會發現最根本的願望只有一個，就是對愛的渴望。人的每個行為後面的動機其實都在求愛。差別只在，有些人求愛的方式很受歡迎，他們懂得如何讚美別人，為別人付出而獲得喜愛；有些人的方式很笨拙，他們常用抱怨、妒嫉、責罵或憤恨的方式去索取愛，結果愛漸行漸遠。

你可以想想那些你愛與不愛的人，那些你想親近和避之唯恐不及的人。為什麼你喜歡這個、不喜歡那個？這答案可能有點現實冷酷，但如果你仔細想想，這是真的。我們喜愛一個人，通常跟他們本身沒多大關係，而是跟你感覺他們給你什麼有關。我們每一段關係，或多或少都摻雜了這種個人利害在內，那就是為什麼當對方不符合你的期待，對方不再愛你，就會由愛轉恨，從喜歡變厭惡。

其實，你最愛的人是自己。

＊＊＊

佛教上有一個故事：哥沙拉國的國王娶了一位美麗的王妃，兩人非常恩愛。有一天國王來到佛陀跟前聽法，並開始練習內觀，王妃也是位修行者，兩人便一起內觀。

內觀結束後，國王問皇后：「在如此遼闊的世上，妳最愛的人是誰？」國王正期待著王妃回答：「是國王……。」但出乎意料，王妃卻回答：「這世界上恐怕再也找不到比我自己更令我心愛的了。」

國王聽了十分驚訝，他說：「我內觀的時候，同樣的問題也浮現出來，我發現其實除了自己，我誰也不愛。」於是他倆相偕去見佛陀，請教祂這個問題。

佛陀說：「說得好！說得好！這是走出痛苦的第一步，當一個人開始發現這個問題癥結所在，就可以走出問題，解決問題，否則一輩子都活在想像中，我愛我兒，我愛我妻，我愛我夫，我愛這，我愛那。其實你誰也不愛，你只愛自己；愛自己的欲望、希望與夢想，我愛這個人是因為我期待他能實現我的理想，一旦他的行為與態度與我所要的背道而馳，所有的愛就消失不見，所以我不是愛別人，而是愛自己，只要能認清這點，就很容易去除私念，就能夠走出以自我為中心的習性。」

＊＊＊

我們都渴望被愛，我們必須瞭解到別人也一樣，別人也有同樣的需求，我們之間並沒有什麼不同。沒有例外，我們都想要被體貼、瞭解、尊重、支持讚美與關愛，只要了解這點，你就明白該怎麼做。

每當有人問我有關感情、婚姻以及人際關係的問題，我都會建議他們問自己，「如果是愛」這四字構成的句子：「如果是愛，我會怎麼說？」「如果是愛，我會怎麼決定？」「如果是愛，我會怎麼做？」只要回到愛，那麼，正確的答案就會自動顯示出來。

我常引用朋友的例子：有天他下班回家，看到孩子把房子搞得一團亂，太太菜煮好了竟忘了煮飯。他整個火氣都上來，後來想到這「四字真言」，心情很快平靜下來，還利用煮飯的時間，把房子整理一番。

這就對了！愛，就是在別人的負擔中看到自己的責任。用你希望別人對待你的方式去對待別人，就是愛的表現。一旦成全人們對愛的渴望，也將獲得渴望的愛。反之，只想被愛，而沒有能力愛人，最後連愛都會失去。

想過嗎？如果你只是單純的愛，為什麼會失望？為什麼會怨恨？為什麼最後都是以傷害做結束？愛是這樣嗎？

每天睡前靜下來，然後問自己兩個問題：

「我對他人的想法和行為是出於愛嗎？」

「如果是愛，我現在會怎麼做？」

好好想一想，你就會看到以往關係失敗的根源，同時找到愛的處方。

你最想，就是最要付出的

人們總是為了「誰喜歡我，誰不喜歡我？」而苦惱，但認識到「我要如何喜歡人」才是更重要的問題。

如果你想從別人身上得到認可、關心或喜愛，你會受苦。當你明白，如果你想給別人認可、關心或喜愛，你將會快樂。這是很簡單的道理，不是嗎？困難之處在於，你不想真的給予，你不想先付出。

＊＊＊

與一位結婚不久的學生聊天，她說：「我越來越怕休假，因為每到週末都要見我的公婆。」

「你不喜歡他們？」我問。

「他們原本就不喜歡我，也不贊成我們結婚，所以對我一直都很冷淡……。」聽完她描述的境況。我提醒她：「會不會真正冷淡的人是妳？因為妳怕自己不受歡迎，所以對他們敬而遠之，彼此沒互動，才感覺冷淡？」我們要先去喜歡對方才能真的關心，否則做得再多，不過是「虛情假意」。

大部份的人都是，你怎麼待他，他就怎麼待你。有家麵粉店老闆常用麵粉跟饅頭店換饅頭，他抱怨饅頭比以前小了許多，饅頭店老闆說：「那是因為你給我的麵粉少了。一斤換一斤，十兩當然只能換十兩。」有時我們抱怨別人，其實要檢討的是自己。

佛教稱此為「業」因果——別人怎麼對你，皆起因於你對別人所做的事。若是令人愉快的，一定是因為你曾做過讓他人愉悅的事；若是令人不快的，一定是因為你做過不利他人的事。

我若是對你不善，說你壞話，表面上像是你被打擊，其實是我打擊自己。因為你會為了這句話反擊我或報復我。如果我善待自己，就會對你表達善意。我們給出去的，都會回到自己身上。

＊＊＊

曾有位男士對我說：「我滿意外你並不像我想像的樣子。看過你寫的書和對人生的體悟，我以為你一定是個滿腹經綸、不苟言笑的人，卻沒想到你那麼風趣。」我說：「領悟人生，怎能不歡笑以對呢？」

人生就如一面鏡子。你對它笑，它一定對你笑。對它拉長著臉，它會拉長著臉回看你。我認識一些憤世嫉俗的人。他們以為這世界，以及所有人都不關心他們，他們也不關心任何人。當然，他們是寂寞的。他們不造橋，卻築牆，也把自己擋在牆外。要打開心胸去喜歡別人，別人才會喜歡你。

一位護士說得好，每當我看到人們緊繃著臉時，我就開始笑著對他們問好，然後，非常神奇地，似乎我周圍突然多了許多微笑著的人。

人際關係有一個根本的法則：你心裡最想要的，就是你最必須要付出的——想要別人善待你，你就要善待他；想要得到關心，就必須關心別人；你想聽什麼話，就對他多說那樣的話。你希望他怎麼對你，就刻意做你希望對方為你做的事。依此類推。

如果你想要在人生有所收穫，你就必須先去播種。

做那個你想在世上看到的改變

大多數人都認為生命的運作順序是：擁有→成為。也就是說，你必須先「擁有」某東西才能「成為」你所想成為的你。

例如，要先擁有愛，才願意付出愛；要先擁有能力，才付出努力；先有足夠的錢，才去做善事；先擁有某些東西，才成為快樂的人。

但這樣做卻是本末倒置。若沒擁有想要的東西，我們就不快樂；若沒有足夠的錢，就不去做善事；若沒有擁有能力，我們就不去努力；若沒有得到愛，我們就不可能愛人。

其實，正確的作法應該把順序反過來：成為→擁有。你不必去尋求、不需要擁有、不必等待某些東西或某件事發生，而是直接從成為快樂、成為滿足、成為美好開始，直接從日常生活中活出你想要的。

當你說自己是快樂的，那麼你就是快樂的；如果你說自己是滿足的，那麼你就是滿足的；因為除了你之外，還有誰能去衡量這些東西？

你渴望被欣賞，自己就可以滿足這個需求，不必靠別人的認同。你要先讓感受自己的美好，不是因為比別人好，而是因為你表現出美好的特質。

你渴望美好的關係，要先讓自己經驗到美好的關係，在你周圍，哪一個人跟你的關係，是你所渴望的美好關係，然後用你所期待的這種美好關係，來過你的人生。想經營人際關係，倒不如創造出友誼或友善，讓它成為你存在的一個品質，讓接觸到你的每一人都感受到友善，自然會建立起友誼。

如果你想健康，讓自己完完全全活在健康的感覺、健康的想法、健康的活動中，那麼你就成為健康的人。

＊＊＊

我書桌上有一張小卡片，上面寫著聖雄甘地的話：「自己做那個你想在世上看到的改變。」我把這張卡放在桌上時時提醒自己，也常以此與學生共勉。

當你想要找一個好對象前，也先把自己變成一位好對象。想要獲得溫暖，就先點亮自己，你將發現最先被照亮的，就是自己。

想要富足，就要把心態從「獲取」，轉變為「給予」。想獲取是因為內心覺得匱乏，如此的話，無論我們得到什麼，永遠都不會覺得足夠。然而當我們可以把擁有的給出去，就變成富足的人。

想感受到愛，就像高靈伊曼紐說：「要意識到自己的愛，僅僅就是去愛，然後看看有什麼變化發生。你們會看見燃起熱情的面孔，所居住的城市也會變得安全起來。感受一下世界上的善意，不需要說任何一件事，愛的力量會改變每一個人。」

記住，人生最重要的不是去「擁有」，而是去「成為」。生命不是一個追求的過程，因為，如果你不斷在追求，那麼你的人生也會一直在追求的過程，而沒有圓滿的一天。

在人生裡，如果你在尋求愛人，不是去尋找，而是要做你尋求的愛人。

在人生裡，如果你在尋求幸福，不是去找尋，而是要成為人們的幸福之源。

在人生裡，如果你尋求快樂，不是去追求，快樂是你製造出來的，是你所成為的，是你所分享出去的。如果你在尋求歡笑進入你的生活，當你走進房間時，將歡笑帶進房間。

先微笑，才有開心的事發生

曾有人問我：「你總是鼓勵大家不論遇到什麼問題都要微笑以對，這會不會有點不切實際，因為若是問題能解決的話，又怎麼會愁眉苦臉？而若是問題無法解決，又怎麼笑得出來？」

這話正好道出了多數人的盲點——一般人情緒不好時。無論是困在憂鬱的悲傷沮喪，還是陷入逆境的掙扎纏鬥。無益的情緒干擾了正常的活動，應付工作和享受人生的樂趣，全受到波及。生活只剩下一味的苦處，愉悅歡笑的本能完全喪失殆盡。這就是為什麼我說要微笑以對，先成為一個快樂的人。

＊＊＊

當我說：去成為快樂！從當下這個片刻就開始，我不是跟你談一個理論或一個學說，這是我由經驗得知的。就好像亮光一樣：當你家點亮燈光的時候，黑暗如何能存在？它很自然就會消失。

如果你想要解除黑暗，你必須從光下手。想改變對所有事物的感知，最好的方法就是，創造出好心情。比方說，你一早起床心情不好，看誰都不順眼，如果此時想改善什麼事，一定是困難重重。當你諸事順遂而洋溢快樂的情緒，便會對人表現更友善、有耐心，看待事情的觀點也會變得不一樣。

有位女士告訴我，她希望丈夫對她好一點。近來他時常加班，不幫忙照顧小孩，就算在家時也總是批評這批評那，她說他不像以前那樣體貼。

我問她：「當他對妳好一點時，妳有什麼不同呢？」她立刻答道：「最近我比較嘮叨，對他也沒好臉色。但只要他能對我好，我也會對他好。」

我問她當她對他好時，通常會怎麼做。她說：「我會對他微笑，幫他按摩，還會下廚做他喜歡吃的菜。」

我說我有個建議：「現在起，假裝他對妳很好。然後去做以上妳所說的那些事。靜觀其變。」

一、兩個星期後，他們的關係明顯的改變。她告訴我，他對我不再抱怨，也會主動幫忙家事。甚至，奇妙的事情發生了，我們居然有回到戀愛的感覺。

這技巧是「在做之前，先假裝你已經是那樣的狀態」，表現出深愛對方以及婚姻美滿的樣子，而後你的伴侶會發現你展現出那種令人歡喜的特質，而對方可能也會跟著改變。

＊＊＊

每天不斷肯定地告訴自己，說自己是個樂觀進取的人，讓你的走路、談話、想法，都表現出好像你已經是這樣的人，你會驚訝於心情比以前好得多，行為也自信得多，之後你就會更深信這套心靈改造方法的神效。

有一位朋友，每次見面時都心情愉快，眉開眼笑。大家打趣說，「那是因為他家庭事業兩得意，所以才春風得意。」

他笑說：「不，我不是因為順心如意才快樂；而是因為我一直很快樂，所以做什麼都順心如意。」

他說得對。不是順心如意讓人歡喜，而是歡喜讓人順心如意。如同安德魯・卡內基說：「讓自己看起來開心，就會真的很開心。」

你沒發現嗎？笑口常開的人，身邊總會發生更多有趣及快樂的事。

想想看：「當白晝來臨時，黑暗到哪裡去了？」「當你正面思考時，那些負面思考到哪裡去了？」你不需要驅逐黑暗，你不需要跟它抗爭，那是愚蠢的，只要將一枝蠟燭帶進去，黑暗就消失。

試試我給你的這個秘訣：先快樂，然後看看會發生什麼。讓自己經常微笑、歡笑，開懷大笑。如果你能夠笑出來，甚至連太陽、雲朵、小鳥、花草都會跟著一起笑，你的世界就變成一個歡樂天堂。

別忘了，在生命中不管遇到任何困難，都不要失去臉上的笑容。

提醒自己死亡將至

如果你發現自己僅剩一年的時間，你會做什麼？你會開始不同以往的過日子嗎？若是你僅剩下一個星期？或是一天？你會如何度過那一天？

我們總是以為還有許多時間可以用來做自己想做的事情。事實上，我們根本不知道自己還有多少時間。有位學生說了一段他的故事。那是發生在寒假的事，父親趕著要出國，而他也趕著去赴朋友約會，於是匆忙地跟父親說一聲再見。他不知道這竟是他們最後一次道別，因為從此他們就沒「再見了」。

生命是很無常的。有一次我到很遠的地方出差，順道拜訪一位朋友，多年未見兩人相談甚歡，於是他邀請我留下用餐，我因還有事待辦而婉拒：「等下次吧！」

沒想到，幾個月後，聽到的竟是他因為猛爆性肝炎過世的消息。唉！永遠不會有「下次」！

＊＊＊

「自己死亡將至」，每個人都應該經常提醒自己，我們每次跟人在一起，都要當成最後一面般地珍惜，別讓自己徒留「為時已晚」的空餘恨。我們不必等到生活完美無瑕，也毋需等到任務都達成，想做什麼，現在就可以開始。不要吝於表達心中的話，因為生命是不等人的。

年輕的時候，曾讀過史蒂芬．柯維的《與成功有約》，書中提到「每個人在任何事的一開頭，就應該要有結束的圖像在腦海裡。」最讓我印象深刻，裡面有個練習，是要想像你去參加某人的葬禮，正走進靈堂。你沿著走道往下去，一路上看到座位上坐的，都是你認識的臉孔——你的家人、朋友、同事等等。他們面容哀戚，有些人在哭。你走到靈堂最前面，看到一副棺材，你往棺材裡面一看，赫然入目的……是你自己！你參加自己的葬禮！

柯維要大家想想，你能想像將來在你的喪禮上，你周圍的人如何描述你嗎？

那是我第一次明白，人要往前看你的終點線，你不需要等到死亡將至才看得到那條線。

「死前先死過」，然後你就知道該怎麼活。有些時間專家建議，假如自己只剩下七天生命，那麼你將如何安排？如何度過？多半的回答是：

「如果我剩下七天，我會告訴愛我的人我對他們的愛。」

「如果只剩七天，我想到海灘上盡情地玩，我要到阿里山看日出，我想到去欣賞夕陽。」

「如果我只能活七天，我會回家看望父母，我想多抱抱我的孩子，陪他們聊聊天……。」

很少人在健康時會想到自己只能活七天了，而真到了那一天，卻可能躺在床上不能動彈，或者昏迷不醒。那麼，還等什麼呢？為什麼要等到只剩下「最後」的七天？為什麼不現在就說？不現在就去做？

如果今天是你在人世的最後一年，在公司最後一個月，在家最後一天，甚至跟某人見的最後一面，你的選擇會是什麼？這個想法會徹底改變你做決策的方式，對人生的看法以及對人的態度。

每天早晨醒來，問自己：「如果我今晚死了，我會後悔今天什麼事沒做嗎？」

有時，不知道該不該做某件事的時候，一樣可以這樣問：「假設我將要死去，我會怎麼做？」事情的重要與否，在心中自會排出順序。

過著每一天就好像活著的最後一天，那麼，即使瀕臨死亡，你也沒有遺憾！

Chapter
6

圓滿人生，用這種心態就對了

最有效率的方法就是著手去做！

——愛蜜莉亞・厄爾哈特

WELTMEISTER

從「看重成敗」變「看重成長」

人生並不在於你發生了什麼事？或是你失去了什麼？而是當面臨接二連三的考驗時，你用什麼心態面對——「成敗心態」或「成長心態」。

這會有什麼差別？差別在於：偏向成敗心態的人認同「人生只有贏家和輸家」的觀念，當他們自認是個輸家或是失敗者，就會陷入批評、懊悔、自我懷疑、自我嫌惡的痛苦當中。成敗看太重，遇到問題困難，很容易自我設限，不敢迎接挑戰。

相反的，成長心態的人會視錯誤為學習的資源，挫折是必要磨練，面對失敗努力克服困境。在迎接挑戰過程中學到新技能，最後達成目標。即使未能成功，也獲得成長。

我們都是透過不斷犯錯與失敗，才學會現在會的東西，不是嗎？所以，我常對學生說：「犯錯時一定要獎勵自己。如果你不承擔風險，如果你過於保護自己和擔心失敗，那麼你永遠走不出你的安樂窩。」

生命總是夾帶著許多的不確定在前進。沒有什麼能保證一定是對的。除非你一路走到最後，否則你無法知道。我個人的了解是，輸贏、成敗都不是重點，重點是勇敢嘗試。

生命的可貴就在這裡，我們不知道未來將會發生什麼，但依然樂觀地勇往直前。深情熱烈的去愛，或許讓人受傷，但這也讓你成熟；

離開熟悉安全的地方，或許危機重重，但就算失敗，至少你曾勇敢嘗試過。

過錯只是暫時的遺憾，而錯過才是永遠的遺憾。當你年歲漸長，你回顧過往，我可以向你保證：最讓你後悔、感傷不已的，是你沒有抓住的機會，還有那些你沒去面對的恐懼。這才是最大的遺憾。

＊＊＊

引用海明威的話：「這就是人生，你當然會輸。重要的是，當你倒下時，展現了哪種風度。就算會輸，也不要輸給還沒試過的恐懼。」

失敗不可怕，可怕的是逃避的心態。每回比賽、每段戀情，每次學習新技能，每次考試後，各地都會出現無數失敗者。尤其一向是「人生勝利組」的，他們禁不起這個失敗，或是失敗後便放棄，甚至一蹶不振，這才是最可怕的。

多年來我一直很努力。雖然工作穩定，但是挑戰一個接著一個。我的人生固然美好，但也遭遇過多次失敗。這世上根本沒有所謂的一帆風順。但現在我變得豁達瀟灑，原因就在於改變了自己的心態。從「人生不是贏，就是輸。」，轉變為「人生不是成功，就是成長。」輸贏不是一切，學習才是——以成長的心態看待，我發現，根本沒有所謂的失敗。

每次失敗的時候，試試看：「只問學到什麼，不問失去什麼。」把心態改變一下，從「看重成敗」變「看重成長」。

無論處境多麼令人不快，我們都可以從中學到一些東西。當你有這種意識之後，即使生意沒談成，考試沒考好，事情沒做對，關係搞砸了，你會變得豁達；你會得到成長，學到以後如何做得更好，或是變成更好的人。

從「看重物質」變「看重價值」

什麼是價值觀？

如果我問你：「怎樣你才會覺得快樂呢？」也許你會回答：「只要有很多的錢我就會很快樂。」這個回答就是你的價值觀。

價值觀人人都有：有人重視親情，有人看重知識，有人重視名譽地位，有人看重金錢利益。價值觀會決定你的生活方式，經常加班應酬的人，顯然重視事業更勝於家庭和健康。相反地，有人放棄優渥收入，留在家裡陪孩子成長，則是重視家庭更甚於事業。

從價值觀可以看出，人生當中，什麼事情對你來說是最重要的。你若相信健康很重要，就會不辭勞苦定期運動。你若相信當個好父母很重要，便不會覺得陪孩子玩是浪費時間。你若重視錢，就會凡事都以錢做考量。

＊＊＊

我們常把金錢名利視為一種成就，整個社會都推崇有錢的人，但是一個人的價值，與他能賺多少錢根本沒有關係。然而，這種以利益為導向的價值觀，常誤導人，認為只要沒錢賺、沒好處，就沒價值。

以價值為導向的人生則不同。有些人選擇當醫生，目的不是因為高收入，而是希望能濟世救人；有些人選擇當警察，希望將壞人繩之以法，維護社會公義；有些自願走向窮鄉僻壤，幫助那些被社會遺忘的孩子；不論成與敗，他們都活出了自我價值。

陳樹菊的故事之所以感人，在於她的善心，她沒有因為過去貧窮而死抱著錢不放，反而勤奮刻苦，寧可省吃儉用，也要把省下來的錢用來幫助貧苦的人。善良與金錢無關，善良所賺取的是更有價值的東西，得到是心靈上的喜樂。

法國劇作家莫里哀說過：「事物的價值都是人定的。」一旦相信真正有價值的是付出，而不是擁有，就會發現自己擁有的財富比原本想像中多很多。

當然，價值觀是因人而異的，由於每個人的環境與經歷不同，價值觀的形成會受到不同的影響。

曾有人問我：我喜歡上些心靈成長課程，男友腦袋卻無時無刻都想著如何賺錢，對靈性活動沒有絲毫興趣，該怎麼辦？

兩人價值觀不同，非對錯問題。當然，別人行為你無法掌控，你只能影響別人。怎麼做？最有效的行為就是與你的價值觀相符。例如，你希望成為心靈正向良善，這是你的價值，你自己必須遵循著，才可能影響別人。一旦你停止表現良善與正向，就是偏離了自己的價值觀。

「要是對人良善，對方卻不知感恩，甚至得寸進尺呢？」關於這點，我的看法是：你還是要堅持自己的價值，因為「這就是你跟他最大的差別」，不是嗎？

人的行為舉止應遵循於正確價值，而非他人的作為和反應。當蘇格拉底因為倡導新觀念而被羅馬法庭判死刑時，他的姊姊哭道：「他們怎麼可以這樣對待你？你又沒有做錯任何事啊！」

蘇格拉底平靜的回道：「難道妳要我真的做了什麼錯事嗎？」

他知道自己的價值要比別人的評價更重要。所以他下獄不肯脫逃，在臨刑時，猶念念不忘欠了鄰人一隻雞，無法償還。

價值觀，既是待人處事的標準，也是在面臨抉擇時的一項依據。

美國南北戰爭時的名將李將軍，擁有很高的民間聲望，一家公司看上這點，希望用高薪禮聘他。

「我怕才華不夠，做不來。」

「你只要出個名字就好了。」對方說。

「那可不行，我的名字可是不賣的。」在李將軍拒絕了誘惑後不久，他應邀成為某大學的校長，即使年薪不到之前的十分之一，他也甘之如飴。

以價值為導向的人，看重一般人所看輕，也能看輕一般人所看重的。在看重一件事物時，他知道堅持；在看輕一件事物時，他知道拒絕。這就是價值觀。

你目前擁有的生活，是你依據自己的價值觀做出選擇，並依據這些價值觀採取行動後產生的結果。

如果你過的是以物質導向的生活，那麼不論你擁有多少，永遠都會覺得不夠。價值觀導向的生活則完全不同，因為不論你處在何種境遇，你的價值觀永遠都在。

靜下來想一想，自己是否必須建立一些新的價值觀？

從「追求成就」變「追尋意義」

在生活中的某個時刻，你可能會感覺到「就這樣而已嗎？」你得到想要的一切——獎牌、學位、薪水、汽車、房子、頭銜，但成就感很快就消失，你還是感到不滿足。你下定決心，更加努力向下一個目標前進。但達成之後，你又不滿足，又看到下一個目標。就這樣，循環再循環。

這是追求成就的迷思。我們總是向外追求，卻不知道它就在內心等著我們。我見過許多人汲汲營營地追求成功，用工作成就當做肯定自我的唯一標準，結果卻落得失去婚姻、親子關係和健康。也看到、聽到很多人雖事業有成，內心卻依然空虛、不快樂。我的一位朋友曾一邊苦笑一邊說：「工作不是我人生的全部，卻是我耗費全部時間的所在。」所以他試圖開創其他方面的生活。

我想說的是，在事業上有很高成就，人生未必成功。你得知道自己要什麼？要多少才夠？如果你不「適可而止」，你永遠無法享受人生。

什麼是真正的「成就」？由誰來判斷？假如有了財富、權力地位上的成就，那麼其他方面的成就呢？夫妻貌合神離，孩子覺得你不在乎他們，父母對你抱怨，員工對你不滿，你臉上失去了笑容，身體越來越糟，這時成就又有什麼意義？

年輕的朋友啊！也許你現在並沒有什麼感覺，但當有一天，在你遇到壓力或挫折之後，當你回到一個空無一人的房子，那時，你的房子多大、多漂亮真的不是很重要。到那時候你看待人生會完全不同，物質可以裝飾外在，但感受是裝不了的。再多的物質，也填補不了內心的空洞。有一個成功事業比不上找到一個人可以分享。

年過半百，我雖無法做到我夢想的一切事情，但我完成的已經不少了。到了這年紀，賺更多錢或得更高職位，對我來說，已經不再那麼重要。現在我把「追求成就變成追尋意義」當成座右銘，並把這句話帶入生活中。我不再要求自己，必須完成特定目標才休假，或與家人同樂；收入只要夠用，就算沒達到預定的金額，也感到自足並與人分享。

＊＊＊

那一天我老師過世，他的遺體被火化。我因他的遺體變成灰燼而感到難過，同時體會當人死時，我們在世上所擁有的物質一點意義都沒有。

我認為成就應該是「更豐富、有意義的人生」。當你去實踐內心深處認為真正重要的事，朝著你認為有價值、有興趣的方向走，人生才會變得豐富、有意義。這不是一瞬即逝的感覺，而是深刻體會此生沒有白活。

我們羨慕那些熱愛工作的人、也羨慕那些婚姻幸福、家庭美滿的人。羨慕未必是人性中最值得讚賞的特質，但由於羨慕，我們可以清楚知道我們渴望自己的人生想擁有什麼，這也提供了我們追尋的意義。

比方，父親這個角色對家庭的意義，絕不只是賺錢養家而已，父親對於孩子來說，是重要價值觀的傳承者，是孩子學習的榜樣，也是家中每一個人的精神支柱。

工作的意義也不只是為了賺錢。如果你看過比爾．蓋茲的傳記，就會知道他是對電腦有興趣，不是對錢有興趣；他對打造優良企業有興趣，對大理石打造的毫宅沒興趣。想追尋工作意義：就是做自己喜歡、擅長、有熱情，才能做得好、做得開心。

意義並不存在於外在的表象，意義只存在於我們心中。當我們做任何事物不是出於愛或快樂時，就是愛著不會回愛我們，或是無法回予我們快樂的東西。簡言之，就是企圖在根本沒有意義的東西裡面尋找意義。

如果你想找到生命意義，就開始反省：我這輩子結束時，希望後人記得我什麼？我會留下什麼？我現在做的事情有哪些會在我死後繼續留下來？我是否留下典範？這是人們終其一生要問的問題。從追尋意義，找到屬於自己的人生方向。這樣的人生無疑讓你更成功，更有成就感。

人們常說：「人生要追求更大的成就。」但是，更大的成就有讓你的家庭更美滿？有讓你更健康快樂？有讓你與家人的關係更好？有讓周遭的人更受益嗎？

成就應該是多元的。身體健康是成就，指導孩子功課是成就、煮一道美味佳餚是成就，與家人、朋友、同學、同事相處融洽是成就，伴侶對你滿意是成就，受到大家愛戴是成就，與孩子無所不談也是一種成就。

重新定義所謂的成就吧！

從「追求快樂」變「樂在其中」

每個人都想要快樂，渴望快樂，也不斷在追求快樂。就連達賴喇嘛都曾說：「人生的目的是追尋快樂。」然而真正快樂的人並不多，問題出在哪裡？

朋友到歐洲旅遊十二天，回來後對我說：「出國玩得真開心！但想到馬上又要上班，為生活忙碌辛苦，唉，心就直往下沉？」

這不正是許多人共通的問題嗎？度假期間盡情享受，等回家之後，也許過了幾天或幾週，度假的感覺就不見了？生活又陷入往日例行公事中，那分熟悉的不滿無奈又爬了回來。

其實，快樂不需要任何條件，每天都可以歡喜快樂，如果要到度假才享受歡樂，平常當然很難快樂。

我們的迷失就在於——總是在「追求快樂」卻忘了「樂在其中」。人們總是把快樂延到將來某個時刻。高中生認為，進入大學之後，日子就快活了；而大學生則認為，大學畢業的時候，一切就好了；而畢業生則想著在走進社會之後，只有在找到一份心儀的工作或創業成功或之後，才可能過得開心。但事實真是這樣嗎？

當學生很辛苦，上班就不辛苦嗎？當員工很累，當了老闆就不累嗎？沒錢很煩惱，有了錢就沒煩惱嗎？「人們之所以不快樂，是因為對快樂有錯誤的想像，」《其實你不了解快樂》作者、哈佛大學心理學系教授丹尼爾．吉伯特表示。「我們總以為只要得到或是做到某件事，就會感到快樂。但我們錯了。」人們不斷追求遠方的快樂，卻忘了享受手中已有的幸福。

我常提醒學生，不要想：「何時才能開心？」，應該想：「如何才能開心？」任何生活都是有利有弊、有苦有樂，有些時候，或許我們不得不犧牲一點快樂，去換取目標的實現，但重要的是，不要忘記去發覺能為我們帶來即時幸福的事物。

每一個人都有些夢想，有的夢想的確遙不可及；然而，每一個人都有一些小心願，這些心願卻只需花一點小錢，或撥出一些時間就可以達成的。可是，種種的理由卻使我們一拖再拖，終至怨嘆一生。

或許你沒辦法出國度假，但也別放棄你想前往的地方；你可能沒完成什麼輝煌的大事，但你也別忽略身邊許多平凡而愉悅的小事。絕大部分的快樂感受都來自那些生活中點滴經驗，而非多大驚喜。例如：晚飯後與家人一起去散步、在花園裡欣賞一隻蝴蝶、淺嚐一口巧克力配一小口咖啡、躺在草地上數星星……。一切的美好事物都在我們身邊。如果你有覺知的話，現在你就可以快樂。

建立一種活在當下、即時行樂的人生觀。不需要發生什麼你就可以快樂，不需要賺到很多錢，不需要完成什麼計畫，也不需要去日本、歐洲才覺得快樂。在你的快樂之上設定這些條件，才是快樂最大的阻礙。也許出國旅行或者得到你想要的東西確實會感到快樂。但其他的時間要怎麼辦？

一位學生給自己訂下目標：「給我兩年時間，等我取得學位，我就會快樂？」我說：「其實每一天都是你的生命，為什麼現在不快樂，要等兩年以後？要等拿到學位以後？」

快樂不在某時某地，它就在此時此地。你要學習的是樂在其中。

「追求」意味著你必須在某個東西後面追趕。追求一開始就注定是失敗的。如果它已經跟你在一起，你需要去追求嗎？

美國作家霍桑說：「幸福是一隻蝴蝶，當你想要追逐牠的時候，總是追不到；但如果你靜靜地坐下來，牠或許會停在你身上。」

想要快樂，首先要做的就是停止「對快樂的追求」。快樂不需要花幾年、幾個月、幾個禮拜、幾天去尋找或等待，它就在現在。你現在就可以快樂，如果你喜歡唱歌、想喝英式下午茶，不必等到當歌星或去到英國，何必繞遠路？

高寶書版集團
gobooks.com.tw

HL 063
跑對方向，比跑的速度更重要
作　　者　何權峰
書系主編　蘇芳毓
編　　輯　賴芯葳
美術編輯　巫麗雪、李莉君
排　　版　趙小芳

發 行 人　朱凱蕾
出　　版　英屬維京群島商高寶國際有限公司台灣分公司
　　　　　Global Group Holdings, Ltd.
地　　址　台北市內湖區洲子街 88 號 3 樓
網　　址　gobooks.com.tw
電　　話　(02) 27992788
電　　郵　readers@gobooks.com.tw（讀者服務部）
　　　　　pr@gobooks.com.tw（公關諮詢部）
傳　　真　出版部 (02) 27990909　行銷部 (02) 27993088
郵政劃撥　19394552
戶　　名　英屬維京群島商高寶國際有限公司台灣分公司
發　　行　希代多媒體書版股份有限公司 /Printed in Taiwan
初版日期：2016 年 7 月

國家圖書館出版品預行編目 (CIP) 資料

跑對方向，比跑的速度更重要 / 何權峰著 --
初版 . -- 臺北市 : 高寶國際出版 :
希代多媒體發行 , 2016.07
面；　公分 . -- (生活勵志 ; HL063)

ISBN 978-986-361-304-6(平裝)

1. 修身　2. 生活指導

192.1　　105009501

凡本著作任何圖片、文字及其他內容，
未經本公司同意授權者，
均不得擅自重製、仿製或以其他方法加以侵害，
如一經查獲，必定追究到底，絕不寬貸。
版權所有　翻印必究

GOBOOKS & SITAK GROUP ©